創見文化，智慧的銳眼
www.book4u.com.tw　　www.silkbook.com

創見文化，智慧的銳眼
www.book4u.com.tw　　www.silkbook.com

免痛苦！

企業管理專業顧問 **林均偉**/著

Happier : how to improve your self-control

不拖延的超強 自控力

總是拖到最後一分鐘才願意做？
這將成為你人生中最大的擋路石

6
5 4
3 2
1

口果改變不了拖延的壞習慣，
0年之後，你還是現在這個放棄夢想的你。

一本教你有效擺脫拖延、還免痛苦的**自控力強化指南**

第二次世界大戰時，著名的猶太裔心理學家維克多·弗蘭克（Viktor E. Frankl）被納粹關進了集中營。他以集中營的經驗延伸出「追尋意義的心理治療法」。在《Man's Search For Meaning》（活出意義來）這本書裡，他告訴了世人：人活著，在於追求生命的意義。

也就是說，如果有人告訴集中營裡的猶太難民：他們的生命意義在於──「一定要活著走出去，把這裡發生的事告訴全世界，絕不能讓納粹的罪惡再度發生。」

那麼，你想會發生什麼事？

沒錯，那些找到生命意義的猶太難民在性命交關之時，一定會想都不想地將衣服、毯子或者其他所有能維生的物品都交給其他同胞，並交代他們務必要繼續努力活下去，那麼有一天他們便能將納粹的惡行惡狀公諸於世。

而且，通常具備這種生命意義的集中營裡的難民，他們的求生欲望特別強烈；反之，其他難民的求生意志則脆弱得多，很快便自我放棄，走向生命的終點。

因此，維克多·弗蘭克說：「你可以拷打我、拘禁我，但你不能限制我的自由意志與思維。」每一個人都可能失去身體上的自由，但內心的意志卻能超越肉體上的束縛，因為沒有人可以奪走你的內在思考。

這個案例故事告訴我們，無論你身處的環境有多糟，你都可以依靠內心強大的自控力去達到個人所想，因為意志力可說是人類最強大的一股力量。

所謂的自控力，即是自我控制的能力，指一個人對自身的衝動、感

情、欲望所施加的意志控制。

　　但是你是否發現，自己也有個陋習難以改進，那就是任何事都要拖到最後一分鐘才去行動？除了拖延之外，「直接放棄」也是你經常做的決定。例如美食當前，你總會說：「沒關係，明天再開始減肥！」而忘了昨天才信誓旦旦地說要瘦五公斤；購物買到失心瘋的時候，你又說：「算了，下個月再開始存錢！」而忘了上個月月底只能吃泡麵的慘況；半夜因為玩手機而熬夜時，你說：「好啦！明天一定會早點睡！」卻忘了前幾個禮拜才因為睡眠不足而大病一場……如此種種，都是缺乏自控力的表現。

　　而我們說一個人自控力的強弱，與他的未來人生能否成功有著極密切的關係。

　　心理學家經過長期的研究認為：一個人的成功不僅要靠智商，更要靠情商（也就是EQ）。而情商的基本要素之一就是自控力，其中也包括能控制住自己的情緒。

　　從某種意義來說，情商表現的是人們以透過控制自己的情緒來提高生活品質的能力，即是如何克制自己的情緒衝動？如何設身處地為人著想？如何建立和諧的人際關係？如何讓自己對未來充滿希望？如何讓自己在達到目標之前永不放棄等等。

　　縱觀人類歷史，我們可以發現，越是成就突出者，其自控力越強。因為那些大人物們都明白：只有能掌控自己，才能掌控一切。自控力，可以說是來自你體內最強大的力量與人生財富，端看你能不能良好地運用它。

　　然而，自控力雖然對我們做人處事如此重要，但並不是每個人都擁有的，也不是每個人都知道該如何去提升這種能力，他們甚至不曉得自控力是可以藉由學習增強的！

　　而一些原本就缺乏自控力或者自控力低落的人，在逐漸瞭解到原來自己目前的人生都尚未有建樹的原因竟是因自身的自控力不佳造成的，想必會變得更加懊惱和沮喪。正因為他們做任何事都無法堅持下去，他們最

需要的便是能有效改善自控力的方法。

而《免痛苦！不拖延的超強自控力》一書，正是為這些缺乏自控力、且認識到自控力的重要性而意欲提升自控力、改變自我的讀者所編寫的。

在本書中，筆者將與讀者一起瞭解自控力的效用和特質，並與各位分享實用、最容易實行的增強自控力的方法，使閱讀本書的每一位讀者都能最大限度地增強自我的自控力，並能不受他人影響，掌握住自己的情緒和目標，努力實現人生的最大價值，從而重新改造一個嶄新的自己與命運。

一位心理學家的一段話曾令筆者深受啟發，他說：「一個有意於訓練自己提升自控力的人，將能獲得無比巨大的力量。這種力量不僅能完全啟發一個人的精神世界，而且能使人的潛力發揮到前所未有的境界。此時，一個人以前從未想過能擁有的智慧、天賦或者能力都能變成現實。所有那些一直以來不為人們所關注的東西，其實就存在於人們本身，而控制自己的能力就是那把能夠開啟人的潛能和征服未來的鑰匙。」

在社會上，對你我來說，其實自控力遠比智商、才能更重要，因自控力能影響一個人的思考方式、行為與行動，進而影響一個人的情緒、健康、工作、生活、人際關係等方面，自控力強大的人一般來說將會過得更幸福、快樂，也更容易成功。

然而自控力並不是與生俱來的，而是需要透過訓練來增強的，人們只有學習有效的方法，並能合理運用自控力，才能逐步實現人生的夢想，過上想要的日子。

本書透過各方面來說明自控力的訓練與運用方法。事實上，我們生命中的每一天，都有無數機會在等待我們。只要我們想改變、決心改變，再加上行動，同時按照本書的方法一步步強化自控力，那麼很快地就可以看到你的進步，最終轉變為一個讓過去的自己也難以置信的全新自我。

作者謹識

CONTENTS
目錄

Chapter

3

擺脫拖延症的各種練習
有效解決拖延

Chapter

4

別成為無常情緒的奴隸
情緒也需自控

Chapter

5

別讓過多的欲望害了你
減少誘惑吸引

Chapter

6

積極與堅持是自我控制的前提
摒除逃避念頭

Chapter

1

陷 入 天 使 與 惡 魔 的 拉 鋸

自控力是什麼

Happier

how to improve
your self-control.

測試一個人的力量大小，應看他的自制力如何。

——義大利中世紀詩人　但丁

Dante Alighieri

受夠了自控力低落的自己嗎？

> 我未曾見過一個自制、勤奮、謹慎、誠實的人抱怨命運不好；因為擁
> 有良好品格、優良習慣、堅強意志的人，是不會被命運所擊敗的。
>
> ——美國革命時期領導人　班傑明・富蘭克林（Benjamin Franklin）

你是否經常要拖到最後一分鐘才開始做該做的事？例如學生時代，總是要到交作業或者課堂報告的前一天才開始熬夜趕工？更常見的還有——就像許多人嘴巴上總嚷著要減肥，但和朋友聚餐時就彷彿都得了失憶症，會對自己說：「這餐正常吃，下一餐再開始減肥好了」；或者是「每個月存五千元，這樣子我就可以⋯⋯了！」但實際上到了月底錢還是不知道花去哪，依舊月光族；或者「今天一定要早點睡，否則白天會沒有精神」，但實際上躺在床上的時候卻還依依不捨地「滑」手機。

諸如此類「說的總比做的容易」的自控力不佳與拖延惡習，將會成為你人生中最大的擋路石。如果始終改變不了拖延的壞習慣，那麼不論經過幾年，你都還會是現在這個毫無成長的你。因為從來只會下定決心，卻不曾讓自己認真實行過的人，只能期待他什麼呢？

要端倪一個人的未來，可以從他是否能拒絕誘惑、是否能循序漸進地達成目標、是否能不給他人添麻煩、是否能為自己創造出一個健康又幸福的人生中看出。而在其中發揮決定性作用的，往往是他的自控力是否強大（Willpower，意志力，本書意為自控力更為貼切），而非我們一般所想的智力因素（Intelligence Quotient）。

　　有一個知名的棉花糖實驗：一九六○年代，一位名為華特‧米契爾（Walter Mischel）的學者曾進行過四歲孩子的自控力測驗。孩子們被帶進一個房間，老師給他們一人一顆棉花糖，並與孩子們約定，如果他們可以忍耐著不吃棉花糖等老師回來的話，就可以再拿到一顆棉花糖。

　　數年之後，研究人員持續追蹤當年的孩子，結果發現當初能夠抵擋得住誘惑的孩子，也就是那些自控力較好的小朋友，長大之後的學校成績比較好、受人歡迎，甚至出社會之後領的薪水也普遍比沒抵擋得住誘惑的孩子要高。而且，這些自控力強的孩子，更沒有發胖與吸食毒品的問題。也就是說，自控力是能明顯預測人們未來學業與工作表現的一種關鍵性指標。

　　而近年研究人員又進行了「棉花糖實驗」的續集，他們同樣找來四歲孩子，要求他們十五分鐘後才能吃棉花糖，但這次不一樣的是，其中半數的孩子只被告知「不能吃」，而另一半的孩子則被指導了一些技巧來轉移注意力。例如老師告訴他們：「站起來，不要盯著棉花糖看」，或者「說一個爸爸媽媽常說的故事」，或者是「你現在可以開始畫畫」。

　　而實驗結果揭曉之後，發現接受指導的孩子撐過十五分鐘的人數，竟然是未受指導的孩子的兩倍！

　　所謂的自控力，是指人們自覺地確定目的，並根據目的來調整自身行動、克服困難、去實現預定目標的心理過程。自控力是人類特有的心理現象，對我們的心理狀態與外在行為有著發動、堅持、制止與改變的控制作用。

　　簡單來說，自控力就是一種控制能力。一個人為了完成某項任務而克制自己的情緒、約束自己的言行，它是決定我們在人生歷程中是否能有效達成個人目的的重要特質之一。

而具備強大自控力的人通常善於分配自己的時間與行動，無論何時何地都能明確地知道自己該做什麼，並能立即去做，且能有條不紊地將事情處理好。而自控力低落或者極度缺乏自控力的人，往往會連個人的生活也過得比一般人更辛苦，因為他們無法拒絕周遭的誘惑，因此浪費了自己許多的時間與金錢，甚至賠上健康。

然而，在我們身邊缺乏自控力的人比比皆是。你會拿起本書，也或許是因為你對自己產生了一個自覺：「我意識到自己該改變了」。

可能你已經厭倦了自己整天掛網與朋友聊天、玩手機裡沒完沒了的APP遊戲、沒特別想看的節目卻關不了電視、肚子一餓就算半夜也會起床吃零食等毫無改變、無所作為的日子。也許你已經想從沉溺於瑣碎與無關緊要的事情之中逃脫，想從找各種藉口延宕該做的事的自己成長，因為，你有更多想做的事情和夢想都還沒達成。

那麼在改變之前，你該注意的是：你需要誠實的面對自己自控力低落的事實，跟著本書學習改善的技巧，進而逐步修正它。能發現你的改變替自己帶來了多美好的生活，這將是你閱讀此書的最大改變。

這樣做，就對了

Relax，想像改變後你會多快樂

多數人都喜歡抱怨工作、批評社會、冷面地看待周遭的人事物，也因此看不到生命中美好與善良的一面。但這是由於錯誤心態使然，就如同戴了不同功能的眼鏡一般（例如：老花眼鏡跟近視眼鏡），導致我們看待各種人事物的立場截然不同，便永遠找不出積極和善的那一面，永遠只會注意到最消極落寞的那一面。

如此性格的人除了較難控制自己的情緒之外，通常更難擁有良好的

自控力，因為他們容易悲觀、容易放棄。相反地，樂觀是積極的人格特徵，可讓人產生持續前進的動力，能對自我的狀態、生活與工作上的一切都充滿了期望，並能在一定程度上抵制負面情緒的出現。

　　因此，務必先轉換成樂觀的心態去期待自己的改變，試著想像達成目標後的自己會有哪些前所未有的體驗、將得到哪些「獎賞」，如此你就能欣然地準備接受即將煥然一新的自己。

Now，設定短期目標吧

　　人如果沒有目標，就無法產生積極性，不知道自己每一天生活的意義為何，只能走一步算一步，既無熱情、也無夢想，如此便不能持續地為達成目標而產生動力，最終只能庸庸碌碌地過一生。

　　因此，我們要先細想，自己究竟有哪些想做的事至今是仍被擱置一旁的？現在就規劃出明確的目標。有了想去的目的地，我們才能修正方向、產生勇氣和行動力，燃起對生活的熱情，激發起想為夢想一博的衝勁。你可以：

　　＊規劃一個遠大的人生目標：

　　例如，這輩子我想要過什麼樣的生活？想要在什麼時候結婚生子或退休？想要達成什麼夢想？等等。

　　＊規劃出具體的階段性目標：

　　例如，在達成之前需要做哪些準備，以及要花幾年的時間準備，如果最終真的無法達成，停損點又該是什麼時候？等等。

　　＊規劃目標注意須在個人能力範圍之內：

　　目標除了要具體可行，最重要的還是必須設立在自己的能力範圍之內，盡少設定超出自己能力太多的目標，否則，目標不但難以實現，更會不斷地打擊你的信心，建議你設立比自己的能力略高的目標。

在過程中，將壓力化為助力

當你即將失去耐性、自控力也被消磨殆盡的時候，想想這些事情是你為了達成目標非得去完成的。自控力當然很容易被消磨掉，尤其是當它的規範與你原本的個性或習慣完全背離的時候。

舉例來說，你很不喜歡寫企畫書，當你將寫企畫書這件事視為一般的工作時，你很容易會因有壓力而分心。但若你能將寫企畫書看成一種「遊戲」，將其分成幾個關卡來突破，那麼心情放輕鬆了，自然就會躍躍欲試，也就能集中注意力地完成任務了。

在達成目標的過程中，你將會面對到無數的挑戰與沈重的壓力。為了達成最後目標，你必須讓自己習慣於壓力之下，甚至當你焦慮或害怕的時候，專注力有助於你應付壓力，以達到最好的個人表現。

 自信將成為你的最大助力之一

想訓練自控力，一開始就不能缺乏自信此一要素，因為多數的科學實驗都證明了一個人的想法越積極，他就越有可能達到他的目標；而想法越消極，就越有可能導致失敗。

也因此當你在為實現各種目標而努力時，請務必要經常想著：「我就快要做到了！」並無視於腦海中冒出來的負面念頭，要確實排除「會不會失敗？」的想法。除此之外，你還可以：

＊在處事上表現得樂觀自信：例如，說話輕快些，經常帶著微笑，多使用正面的說法鼓勵自己等等。

＊經常回想起某些會讓自己開心或者很有成就感的事情：例如，「去年有個專案難度更高，但最後也成功地達成了，這次當然也沒問題！」

＊多拓展正面的人際關係網：多與性格正向樂觀的人來往，可以感染到對方樂天的積極情緒，你會受到影響，變得更快樂、有勇氣勇往直前。

一股能改變未來的腦內力量

凡是將應該做的事拖延而不立刻去做，只想著留待未來再做的人總是弱者。

——世界首富　比爾・蓋茲（William Henry "Bill" Gates III）

哈佛大學的哲學系教授羅伊斯（Josiah Royce）曾說：「從狹義的角度上來看，自控力通常是指我們全部的精神生活，然而正是這種精神生活指引著我們從事各式各樣的行為。」因此，自控力便成為一個人是否能成功達成自我目標的先決條件。

因為與自控力相伴而來的，會是相應的積極行為。只有產生了積極行為，人們達成目標的機會才會理所當然地增加，往後的人生也會因此時此刻的行動而產生極大的變化。

而廣義上來說，自控力其實也算是一種表現出來的「為人處世」態度，人們透過它來影響、控制自己的思考和行為，這不僅是一股能使我們下定決心的決斷力，更是能引導我們的一種強大精神力。

如同前篇提到過的棉花糖實驗，那些在十五分鐘內沒能抵擋住誘惑的孩子，在經過日後的追蹤之後，發現其抗挫力與抗壓力與通過考驗的孩子比，都相對地較差，或者在突發狀況下會不知所措，或是做事不果斷、效率極低等等，連帶地影響了他們的自信心與責任感的不足。此實驗結果清楚地表明：一個人的自控力在極大程度上展露了他的未來發展，相反來說，要改變未來，就得先改變自控力。

　　美國革命領導人班傑明‧富蘭克林曾在他年輕時下定決心：他想要「克服一切壞的習慣以及夥伴的誘惑」，他替自己制訂了十三個改善項目，要求自己逐條去實行。

　　例如，富蘭克林為了改掉與他人交談時喜歡說笑話的習慣，他便列了「沈默」的規定，要求自己做到「除非是於人於己有利之言談，否則要避免那些過於瑣碎的談話」。

　　後來一位朋友又對他說，他似乎經常表現出驕傲的模樣，於是富蘭克林便將「謙遜」加入到修正的項目當中。在晚年撰寫自傳時，他想起自己年輕時曾列出了缺點清單來改進，認為自己能順利地改掉那些壞習慣，都該歸功於自控力良好之故。可見，自控力的掌控良好與否，對一個人的未來能否走向成功有著絕對的影響力。

　　從古希臘哲學家亞里士多德（Aristotélēs）到近代的哲學家都注意到一種現象，那就是——美好的人生多數是建立在自我控制的基礎上的。

　　而自控力通常表現在兩個方面：一是迫使自己去執行已決定的計劃；二是抑制與自己的目的相違背的願望與行動，也就是「強迫」自己去做該做的事，甚至是厭惡的事。

　　無論是哪一方面，都需要我們做出艱難的決定，做出實際的行動。唯有如此，我們才能繼續前進，達到最終想望的目的。

這樣做，就對了

 先調整對的心態：你鼓勵自己了嗎？

　　每個人都希望自己能心想事成，但事實上卻不是誰都能實現如此美好的夢想。如果我們永遠都只會許願，卻從未將行動付出到每個細節上，

那麼就算再簡單的目標也只是空談，只能放在嘴巴上說說，從來都不能實現。

相反地，如果你能有效斷絕一開始就出現的負面思考（如質疑自己的能力能否達成），讓自己對生命重新充滿熱情、對計畫充滿行動力，那麼你將會發現：你的夢想已不再是看不見實現之日的白日夢了。

你可以先這麼做：

＊ 做任何事都抱持著「我是為了未來的自己」：

例如工作時，不要消極地認為自己只是一個小職員，是為了每個月的薪水才委屈地在討厭的公司工作。相反地，你要將工作當成自己的「墊腳石」，你不是在為薪水工作，你是在為「你自己的人生」工作。

＊ 積極接受艱難任務：

別害怕失敗，因為從沒有能保證人生成功的訣竅，即使失敗了又如何，對你來說反而是得到了一次難忘的教訓，是在為你的未來鋪更平順的道路。然而一旦成功，你便會知曉你的辛苦一切都值得，你的價值也將隨著你的不斷突破而成長。

＊ 像成功者那樣經常對自己說：「我可以！」

多說「我很努力！」、「這次我做得很好！」、「這次好多了！」等鼓勵自己的話語，就像美國總統歐巴馬（Barack Hussein Obama）當年的競選口號「Yes！We can！」一樣強而有力。

例如你可以在每天起床之後，跟鏡中的自己對話，雖然一開始會有些害臊，但你可以循序漸進地嘗試。一開始對鏡子裡的自己說：「今天也要全力以赴！」之後可以說：「今天一定要拿下那個Case！」等出現有難易差別的句子。

當晚上下班回到家，洗澡時再對著自己說：「今天我很努力！明天會更好！」當自己肯定了內心的內在小孩之後，自信也會翩然而至，進而激發更強的鬥志，如此你便能進入良好的循環，不斷向前。

沉思、觀察、學習那些對你有益的人事物

多數人都有夢想，你若不想讓夢想胎死腹中，就需要對自己過往的錯誤負起責任。例如：「為什麼那時候我不願意……才導致現在後悔莫及？」沉思自己、反省自己，你就能知道哪些選擇是錯誤的不能再犯，並能將自己導向更美好的未來，同時避免錯誤的延續與負面情緒的產生。如此，我們才能主導自己的人生。記得：

＊想像所有美好的人事物皆在你的手中

訓練自己的想法往正面積極的方向去，想像自己擁有著各種美好：我有好朋友、支持我的家人等等，讓這些美好的想望逐漸清晰，長久地印記在腦海裡，在負面思考湧現時回想。

＊覺察負面情緒的產生，阻斷它

當你意識到自己開始出現影響心情的負面思考時，更可以及時截斷「電源」，別讓這種情緒影響你原先的衝勁、阻礙你的進度，此時不妨對自己的大腦說聲「STOP！」試試。

＊留心觀察和學習他人，讓自我level up

在生活中你觀察學習的對象可以是職場的上司、同事，也可以是有豐富經驗的專業人士。在學習他們成功經驗的同時，也要不斷記取某些曾導致他們失敗的原因。

記得別將所有的私人時間都耗在娛樂，不妨也參加一些有助於提升個人專業技能的課程。當然，這需要你擇優選擇，千萬別三分鐘熱度，否則只會浪費時間、金錢和精力，這也是考驗你的自控力強弱的一種方式。

自控力茁壯於你的經常訓練

宿命論是那些缺乏意志力的弱者的藉口。

——**法國著名作家 羅曼・羅蘭**（Romain Rolland）

有句名言說：「世界上聰明的人很多，但成功的人卻很少。」這說明了社會上大部分的人都無法很好地控制住自己的行為與意志，因為在現代外在的誘惑實在是太多了。例如，明知道多唸書對自己有幫助，但卻抵擋不了電視、網路的誘惑；明知道更努力工作能對晉升加薪有利，卻無法制住自己的惰性；明知道開源節流是理財的重要關鍵，卻難以抗拒花錢購物的欲望……。

事實上，我們之所以會受到這些誘惑吸引，不能照自己所設想的方式前進，都是因為我們的自控力過於薄弱的關係。在生活中每一個需要「克服」的障礙，都離不開自控力的強弱，因為每面對一次對我們來說過於艱難的抉擇時，我們所能依靠的便是來自內心的力量。

一個人只有強化拒絕外在誘惑的自控力，才能承受常人難以承受的苦難，征服常人難以征服的阻礙，進而完成常人難以完成的目標。

縱觀歷史，放眼世界，舉凡那些成功人士，無一不是擁有自控力強大的特性，例如美國的石油大亨保羅・蓋蒂（Paul Gettey）就是一個好例子。

　　一九六〇年代的世界首富保羅‧蓋蒂是個石油怪傑,他同時也是個「大菸鬼」,他的菸癮非常之大。

　　有一天,他開車經過法國時遇上了大雨,開了幾個小時之後,他準備在一個小旅館裡過夜。吃過晚飯之後,疲憊的他很快地就進入了夢鄉。

　　在凌晨兩點多,他醒來了,因為他想抽根菸。

　　於是他開了燈,伸手去抓睡前放在桌上的菸盒,但是裡面是空的。他下了床,摸摸外套的口袋,同樣一無所獲。接著他又從行李裡翻找,希望能找到自己不小心掉落的菸,結果又是一次的失望。

　　此時,旅館的餐廳和酒吧早已關門,他能得到香菸的唯一辦法就是穿上衣服出門,然後走到幾條街之外的火車站去買,因為他的車子停在離旅館有一段距離的停車場內。

　　然而越是沒有菸,他想抽菸的欲望就越強烈。他脫下睡衣,很快地就穿好了外出的衣服。然而當他伸手去拿雨衣時,他突然驚覺到一件不尋常的事。他自問:「我這是在做什麼?」

　　蓋蒂一動也不動地站在房間裡,大腦快速地運轉著,他想著——一個相當成功的商人、一個自以為有足夠理智對別人下命令的人,竟然要在三更半夜外出、冒著大雨、走過幾條街,只為了抽一根菸。這是什麼樣的習慣?這個習慣的力量到底還能有多大呢?

　　最後,蓋蒂下了決心,將那個空菸盒揉成一團,扔進紙簍。然後,他又換回了睡衣,躺到床上,心中浮上了一種解脫、甚至是勝利的感覺,他很快地就進入了夢鄉。

　　從此之後,保羅‧蓋蒂再也沒抽過菸,而他的事業卻越做越大,最後並成為世界知名的富豪之一,他戰勝了他內心最強大的惡魔。

保羅・蓋蒂的故事告訴我們：自控力雖然重要，但它卻不是天生的，是可以透過後天訓練、習慣的。隨著年齡的增長、閱歷的豐富，人們的自控力也會不斷地增強。但想要讓自己的意志力更強大，以至於可以控制自己某些已養成多年的壞習慣，那就更需要堅定的自控力了。

然而，自控力是一種「控制人的衝動與行動的力量」，其中最關鍵的便是「控制」與「力量」這兩個詞，「力量」雖然是客觀存在的，問題就在於我們要如何去「控制」。

我們都知道，自控力可以改變一個人的一生，更是能否成功的先決條件之一。一個擁有強大自控力的人，能表現出更好的專注力、情緒和行動，能有效面對壓力、解決衝突、戰勝逆境，也因此做任何事都比一般人更容易成功。

然而若想強化自控力，我們就需要經常訓練原先的薄弱意志，就像鍛鍊肌肉一樣。

長期下來，如果你能不斷地戰勝腦內的薄弱意志，自控力就能茁壯生長；相反地，如果你經常屈就於外界的誘惑，那麼無論做什麼，只要遇到一點困難，你就可能半途而廢，最終疲軟的自控力將導致你無所作為的一生。

這樣做，就對了

 訓練（一）：冷靜下來，找回判斷力

每個人都有自己固有的思考模式和想法，當面對外在的誘惑時，我們總會陷入天使與惡魔的兩難之中。然而越是不理性的時候，我們反而越要找回理性，雖然這不容易，但這也是本書的重點所在。

而此時我們該發揮的就是再平常不過的「判斷力」，去決定什麼應

該做、什麼不該做，去告誡自己如果做了不該做的事情又會有什麼樣的後果？

就像是捏黏土一樣，在調塑形狀的同時，你也必須做修正的判斷，哪邊要捏圓，哪邊要捏細，哪邊又要捏方正一點，才能做出一個你內心所想的美麗作品。

而你的內心所想，都會反應在成品上。例如，判斷力不足，認為吃一點宵夜沒關係，那麼，肥胖的身材就是你的作品。用這樣的想法讓自己冷靜下來，就會知道此時此刻你該做什麼正確的決定。

訓練（二）：犯錯沒關係，強化反省力

人總有脆弱無助的時候，此時難免會抵抗不了眼前的誘惑。如果你今天已經犯下了戒條，讓當初堅持的自控力或判斷力什麼的全軍覆沒了，沒關係！這本來就是一場長期抗戰！肌肉也是越練才能越結實的！

就像一個吸毒者想要戒除毒癮，他必須靠自己強大的自控力，咬牙撐過去，若是能熬過一段生不如死的時期，那麼人生從此就能重見光明；若是失敗放棄，那麼又將重蹈覆轍，輪迴在生不如死的深淵之中，一輩子都無法脫離地獄。

戰敗了沒關係，但至少你要能願意反省，否則就是一種因循苟且、的長期騙局，而且騙的人還是你自己，傷害的也還是你自己！

人非聖賢，熟能無過？但人類能優於其他物種的原因，不就在於人類能夠記取教訓，避免再犯相同的錯？在遠古時代，若人類無法避免重複的犯錯，那麼早就被猛獸給吃了，這也是人類能夠持續進化的原因！

也因此，若你能懂得從犯下的錯誤中改進、「願意」改進，那麼你就已經在鍛鍊你的「自控肌肉」了，成功也將指日可待。

訓練（三）：提升專注力的小撇步

下列幾種方法，可以在一定程度上幫助你提升對事物的專注力：

＊ 盡可能地排除周遭所有的干擾源，將所有可能會影響你專注狀態的東西全部「隔離」，讓你的精神能更專注。例如當你在寫作業或者準備考試時，你可以拔掉網路線、將筆電收起來，同時將手機關機，然後找一個能獨處的環境做自己該做的事，直到事情順利完成。

＊ 在開始之前，先分配好各個時間花費，列出當天需完成的事情，然後逐一完成。如此一來，做事效率才能提高。但在切割時間時，要注意在每件事之間預留空檔，不要將時間抓得太緊，以免無法在時間段裡準時完成，還額外造成精神上的壓力，若臨時有其他事情插件進來，也不會打亂自己原先的計劃。

＊ 隨著專注時間的拉長，跟肌肉使用過度一樣，我們的注意力也會明顯降低、感覺到疲勞。此時不妨先停下手邊的事情，「分心」一陣子，你可以去倒杯水、閉目養神、到外面走走等等。當你整理好思緒重新開始時，就能再度回到先前的高度專注力上。

而有一點要特別注意的是，千萬避免在休息時想著還沒做的事；或者是做事時想著休息的事，如此你既無法有效放鬆身心，更會造成兩頭空的結果：事情既不能做好，身體也無法得到適當的休息。

情緒控制不佳，只能受人擺佈

誰不能主宰自己，誰就永遠是一個奴隸；想左右天下的人，必要先能左右自己。

——古希臘哲學家　蘇格拉底（Socrates）

我們說一個人的「成功」可以是多種面向的，例如情緒上的愉悅、身體上的健康、經濟上的無虞、良好的人際關係等等。無論是誰，無論他想得到多少財富、想達到多頂端的社會地位、想擁有多高的知名度，如果他本人不具備某種強度的自控力，那麼他必然無法獲得這些，即便是他因某些原因獲得了，也很難延續下去。因為自控力是否足夠強韌，只會在一個人坎坷的時候表現出來。

不只是成就大業的偉人，現代企業家也幾乎都是自控高手。他們往往能在看準目標之後，「一意孤行」地向前走，似乎無論誰來都擋不了他們。俗話說：「將軍額頭能跑馬，宰相肚子能撐船。」意思是像將軍、宰相這樣做大事的人特別能有接納他人的胸懷，也才有更多機會能夠成功，這就是人們常說的度量。

而氣度的大小也是一個人的事業限度，如果心中總是容不下異己、聽不進他人意見、不願與敵人共享雙贏、拒絕從敵人身上學習，那麼這樣的人很難成功，因為他永遠都不會成長、不願成長。

心胸狹窄的人眼裡容不下一粒沙，不允許別人有一絲一毫的錯誤，得失心重、不能受批評，這樣的人只能活在自己的世界裡，更不用說要如何加強自控力了。

俄國浪漫主義的文學代表普希金（Aleksandr Pushkin），他曾瘋狂地愛上被稱為「莫斯科第一美女」的娜坦莉亞，娜坦莉亞的美貌驚人，但與普希金在興趣上卻不契合。每次普希金要將寫好的詩唸給她聽的時候，她總會摀著耳朵說：「我不要聽！」她喜歡普希金陪她玩樂，出席那些豪華的宴會與舞會，為此普希金曾丟下創作，害得自己債臺高築。

後來他結婚了，新娘仍是娜坦莉亞。然而在婚禮當晚，沒想到普希金手中的蠟燭卻忽然熄滅，彷彿預告了他不幸的未來。

婚後，他與娜坦莉亞遷居聖彼得堡，娜坦莉亞是當時聖彼得堡中最漂亮的女人，甚至被譽為「聖彼得堡的天鵝」。她的家世很富有，使得普希金能進入沙皇的宮廷，過著上流社會的生活。沙皇允許普希金研究文獻，以方便寫作歷史傳記，但普希金仍然非常痛苦，他在這段時間的作品裡，不少都顯露出了他內心沉重的壓力。

後來，有一名流亡法國的人名為丹特斯，他愛上了普希金的妻子娜坦莉亞，兩個人經常相約共舞，後來普希金收到了一封侮辱他的匿名信，信裡面還嘲笑他是隻烏龜。

普希金當然忍無可忍，為了名譽，他決定與丹特斯進行決鬥，但萬萬沒想到卻因此讓腹部受了重傷，才短短兩天便與世長辭，當時的報紙上甚至刊載了如此的弔唁文——「俄羅斯詩歌的太陽殞落了」。

心理學家認為，情緒是人們對於事物的一種最淺顯、最為直觀、最不用思考的自然情感反應。它通常從維護情感主體的自尊與利益出發，不對事物做出更深一層的考慮。這種習慣，經常會使我們處於不利的態勢，甚至被他人利用，這正也是自控力當中的一種常見問題。

情感與理智的距離很遠，因此人們通常容易以情害事，為情役使，情令智昏。然而情緒正是我們的情感最表面、最容易變動的部分，如果一個人的言行舉止完全順著情緒行動，你又怎能要求他是理智的？

俄國詩人萊蒙托夫（Lermontov，MikhailIurievich）和前述所提的普希金，都是在與人決鬥時死亡的，這說起來都是因為一時的情緒反應過度，才導致喪失自我控制能力的惡果。反面來說，也有人會因為他人的一點小恩小惠，就心腸頓軟，結果犯下許多原本不會犯的錯誤。

就像是某些不良少年集團，只要有人看他們一眼，或說一句與其無關緊要的話，他們就會因自身的自卑心態作祟而與人挑釁、打鬥起來，拼了命也要傷害對方。甚至，有時他人並沒有做出觀看或指責的舉動，也會無辜牽連受害。

因為無法控制情緒而犯下大錯的例子，要多少就有多少，這樣愚蠢的錯誤，小則誤己、誤事、誤他人；大則失家、失國、失天下，這可萬萬不可，必須改進。

改善自控力從轉移憤怒情緒，喜怒哀樂本是人之常情，憤怒是一種激烈的情緒表現，不是說要避免生氣這件事發生，而是如果情緒經常失控，就不會是件好事。這不僅會影響正常的人際關係，長期下來，對你的身體健康也會產生不利影響。

那麼，要如何才能控制住此時此刻即將抓狂的憤怒情緒呢？其實，這都是可以練習的，而且沒有你想像中的困難。最關鍵的就是學會可以使你得到有效控制的方法，當你快要發火，在千鈞一髮之際，試著運用下列這些方法來解除警報。

這樣做，就對了

 憤怒的當下就在內心開始數數

人在憤怒的時候，神經通常也高度緊繃，因此稍一刺激怒火就會爆發。在這種時候從一數到十可以發揮轉移注意力的效果，逐漸平復你的緊

張情緒，使你慢慢平靜下來。

　　雖然聽來不容易，但你仍然可以試著這麼做，而且要記得慢慢地數，同時觀察自己的情緒在這段時間之內是如何變化的。你會發現，似乎自己已經沒有十秒前那麼生氣了。

 ## 立刻遠離讓你快發火的現場

　　火氣上來時，一個眼神、一句話都可能成為導火線。所以，三十六計走為上策。先離開現場，冷靜之後，再仔細想一下，也許你就會發現這件事其實也沒什麼大不了。

　　你可以去洗手間，也可以去樓梯間，若狀況允許的話，甚至可以去外面買杯咖啡透透氣，沉默一分鐘的時間也許微不足道，但是若能在發生衝突之前暫停一分鐘，那將成為非常寶貴的冷靜時間。

 ## 親朋好友是你最好的垃圾桶

　　如果你心中經常充滿著憤怒，怎麼做也無法抒發完全，那麼你不妨找最好的朋友談談天，讓你的不滿像滔滔江水一樣發洩出來。

　　面對困難，如果你覺得孤立無援，那麼你應該尋求朋友和親人的安慰。因為研究表明與朋友一次電話交談的效果，將遠勝過服用一顆鎮靜劑的效果。

　　當然，這種方法並不是要你太頻繁地對朋友吐苦水，強迫別人不斷承受你的負面情緒，如此就偏離了這樣做的初衷，情緒也無法得到有效控制。你要能學會、養成在發洩過後，一切重新開始的情緒模式。

 ## 負面情緒可以藉由運動痛快宣洩

　　當你覺得很氣憤，情緒即將失控的時候，此時不妨做些運動，將壞心情化為汗水蒸發。你可以選擇跑步，選擇游泳，因為運動既可以鍛鍊身

體，又可以發洩負面情緒，更可以增強你的意志力。

　　最重要的是，運動是治療負面情緒的無藥良方，如果你能養成定期運動的習慣，就能更有效調適情緒的起伏。對上班族來說，即使工作繁忙，也可以在平日裡多運動，例如：能騎腳踏車就不開車，能爬樓梯就不坐電梯等等，端看你願不願意而已。

 ## 處理情緒的方法有百百種

　　每當你開始出現負面情緒的時候，你可以將自己的不滿或痛苦記錄在日記、網誌裡，甚至是在facebook上Po文，相信與你有過同樣經驗的人會願意聽你說的，只要你能找到地方讓自己傾訴，那麼什麼方法都無所謂。

　　此外，你可以選擇獨處，或是跑到沒有人的空曠地方讓自己冷靜一下，或者可以買東西犒賞自己，如果你不心疼錢包的話，購物也是一種有效方法。

　　如果你比較喜歡靜靜地抒發自己的情緒，也可以在家裡看幾部DVD。它可以是喜劇片、恐怖片、愛情片，只要能讓你轉移注意力，就是一種好方法。

　　當然，此時較推薦的會是勵志類的電影。當你看了許多人生不如意的人如何活出自己的新生命時，你就能聯想到自己當初所在意的事情，此時竟顯得那麼微不足道。或許，你就能意識到自己的態度該是做改變的時候了。

 ## 萬萬不可：「反正都破戒了，沒關係」

　　一般來說，我們都有過這種經驗：「不小心破戒」→「自責後悔」→「放棄算了」→「徹底破戒」，這就是一旦失足就會墜入萬惡淵藪的心理陷阱。

　　舉例來說，如果你打算瘦五公斤，但是在減肥途中卻因為過度飢餓而導致半夜起來偷吃宵夜。吃下第一口的你此時湧現了極大的羞恥心，但因為飢餓無法讓你保持理性，你想著：反正都破戒了，吃飽再睡覺吧！

　　然而我們說導致你墮落深淵的絕不是你第一次的放棄，而是你放棄之後產生的羞恥感、罪惡感、沮喪感和絕望感。

　　換言之，無論是情緒上或處事上遇到挫折，內心對自己的責備其實會導致你更加墮落，而「自我諒解」就是破除這種心理的罩門！換言之，犯錯後，學會寬恕自己，學會從失敗的地方深層檢討反省，重新站起來才能強化自控力！

對症下藥：承認你的缺點與渴望

最初和最後的勝利是征服自己，只有理性地認識自我、正確地設計自我、嚴格地管理自我，才能站在歷史的潮頭去開創新的人生。

——**古希臘哲學家　柏拉圖**（Plato）

雖然我們瞭解自控力的重要性，但近十年來，人們想以堅強的意志力來對抗自己快失控的情緒或行為的確越來越不容易，因為我們身邊的誘惑實在太多了！節奏快速的生活方式、充滿著各種誘惑的環境、虛擬的網路世界等等，讓我們的專注力越來越容易受到影響。

心理學家認為，拖延是一種與自我控制相對立的「衝動」，但事實上，這種衝動不僅只表現在「拖延」，還表現在其他症狀，例如「焦慮」、「緊張」，甚至是嚴重的「情緒失控」。

你一定有過這樣的經驗，明知道遲到會被扣全勤獎金，但早上就是會賴床；明知道這句話說了會傷人，但還是不小心脫口而出；明知道再拖下去一定會來不及交件，但就是遲遲不想動手……當自控力與誘惑的戰爭開打時，自控力往往會是慘敗的那一方。

我們可能下了很多次決心，下班回家之後少瀏覽一點網頁，多留點時間看書，但當我們打開了電腦或者開始使用手機之後，就算沒有特別想看的資訊，也會像反射性動作不停地刷手機和更新網頁（例如Facebook中毒），結果一下子幾個小時又過去了，不知不覺就到了該洗澡睡覺的時間。

於是，我們會帶著一些內疚，以及不知道是第幾次的「下定決心」而趕緊入睡。

但是，聰明如你，否則就不會拿起這本書了。因為往往到了第二天我們還是會重複同樣地行為，很少有例外。久而久之，我們不會再有意願去訂下「我要看書」這個難以實現的目標了，因為知道自己的毅力實在是太差了！

自古以來，黑與白代表著事物的兩端，如此也有了性善論與性惡論之說。但是為什麼會如此絕對呢？一個人有了邪念，我們說他惡，然而當自己有了邪念時，會感到羞愧，精神上會受到折磨，更可能陷入一種不能自拔的危險境地。

但是無論黑與白，只有我們正視自己、瞭解自己、接受自己，弄清自己的欲望，時刻記住自己真正想要的是什麼，只有如此我們才能自救。因為自控力強大的人往往不是從與自己的較量之中成長，而是學會如何接受「相互衝突的自己」，並將這些自我融為一體，以找出最好的方法來「拯救自己」。

人的自控力為何會失控？專家透過研究認為，人類大腦的前額皮質被分成三種區域，分別管理著「我要做」、「我不要」、「我想要」三種力量。而其中掌管著「我不要」力量的區域，可以幫助我們控制住衝動。

事實上，人們時刻都在「受控的自己」與「衝動的自己」之間猶疑，當「衝動的自己」戰勝「受制的自己」時，情緒或行為舉止就會失控，這也就是前述所說的天使與魔鬼之爭。

在現實生活中，許多人面對誘惑的時候，通常會在大腦裡強制壓制住自己的欲望，對自己狠下心地說：「不行！」、「不能！」但其實每個人都知道這樣做的效果並不大，否則就不會有為數眾多的人受「拖延病」所苦。也因此，當我們面對個人的欲望與衝動時，對內，必須要能理解自

己真正的想法為何，並接受這樣的自我；對外，則須控制環境的變因與加強外在的督促，如此才能收到更好的效果。

只有勇於面對自己的本性與弱點，才能「對症下藥」去控制某些習慣性行為，因為你是這世界上最瞭解自己的人。

這樣做，就對了

承認自己有弱點，也有渴望

每個人都有自己的強項和弱點，但並不是每個人都能很好地認知自己的短處為何。為此我們一定要承認自己性格中的弱點，不要視而不見，才能發揮對症下藥的效果。你可以：

＊承認自己的欲望與渴望某種事物的感覺，給自己一點時間，不要馬上轉移注意力或隨之起舞。告訴自己──會有這種欲望與渴望是正常的！不是過錯，而是我該如何用成熟的心態去斟酌該不該這麼做。

＊遇到較強的外在誘惑時，務必迫使自己先冷靜下來，迅速思考此時若魯莽行動會造成什麼後果，再採取當下自己認為最好的方法，讓自己不陷入一時的衝動陷阱之中。

＊冷靜下來後，要分析造成此次外在刺激的原因是什麼？是自己太容易受誘惑？又或者是不夠有警覺性去避開？思考解決問題的方法有哪些？而哪些解決方式是下次遇到同樣情形也可派上用場的？

務必記得，先跳脫衝動再做決定

很多時候，造成我們錯誤處理情緒與事件的原因是「在還沒有來得及冷靜思考時，就匆忙地下了決定」。例如遭遇挫折時，馬上沮喪難過，不知道該怎麼辦；遇到好事時，又大喜過望，不在乎細節與後續。

我們說當下會出現情緒起伏是正常的，但如果完全沒有去思考事情發生的來龍去脈，只是憑藉著當下的情緒做決定，那麼，就很容易讓自己走入無法挽回的境地，因為你當下已經失去擁有判斷能力的自控力。

 正向思考讓你的自控力更強大

看到瓶子裡裝了一半的水，你會覺得「只剩」一半，或者是「還有」一半呢？

我們說正向思考是最有效的「方向盤」。當你開始以一種正向、積極、樂觀的態度來看待眼前的「挫折」、「痛苦」、「悲傷」時，能思考事件之於自己的積極意義，那麼情緒就不會馬上被現實所吞噬，反而能被正面的思考所牽引，變得更平和、更快樂，更能勇敢直前。

 客觀看待身邊人事物與自己的差別

很多衝動的情緒與行為的產生，往往是因為我們不能正確的認知與對待社會上存在的各種「矛盾」、不能處理好人與人之間的關係。因此，我們要學會從多種角度、多種方法，觀察外界的人事物，明瞭自己與他人的不同。他可以成功，那是因為他願意堅持到底；他會失敗，那是因為他不像我那樣思考周到才去行動。

每個人都有其獨特的性格優點，可以產生更多的可能性，發現原來同一件事情在成功者與一般人之間，被處理、完成的方法可能完全截然不同，因他們所展現出來的自控力也完全不同，如此可以讓你找到適合自己的方法去修正。此外，你還應該這麼做：

＊坦然接受人生中無法改變的事情：

無論是生活還是工作上，只要你盡全力了，無論結果是好是壞，你就應該肯定自己的努力，並設法從中擷取出下次能成功的模式。

＊無論對自己曾經失控的作為感到多麼地不滿，也不必為此一次次地

後悔：

因為過去已經過去，此時你可以決定不失控的是未來。與其你浪費不少時間反省自己昨天為什麼又偷吃宵夜了，不如下定決心調整好今天每餐的份量，以至於能不在夜晚偷吃。因為，只有立刻去彌補自己的過錯才是最重要的。

自控非束縛，引導到對的方向

一心向著自己目標前進的人，整個世界都會讓路給他！
　　　　　　——美國思想家　愛默生（Ralph Waldo Emerson）

經常聽到有人說：「我知道要去做（這件事情），但不知為何現在就是不想動，總要拖到最後一刻才急急忙忙地趕工，於是就變得很容易出錯。每次我都會告訴自己：下次不要再犯了！但是通常下一次仍然會發生一樣的事。我常常自責，這讓我覺得很無力，覺得自己實在太差勁了！」

很多人都難以克服拖延，有些事明知應該早點做，卻不知為何遲遲不願去做；而有些事明知不該去做，卻還是昧著良心去做了，這也是人性當中難以掌控的缺點之一。

一位心理學家指導受他諮詢的人說：「如果你不能很快地改掉習慣，那就不要每天強迫自己去改正這些缺點，因為，壓制會導致反撲，你要能合理地疏導。你可以在一張紙上畫四個格子，然後分別寫上這些缺點所導致的短期與長期的收獲和損失。」

「例如，你打算戒菸，你就在兩個格子內分別填上短期損失——『我一開始會覺得很痛苦』和短期收獲——『我馬上可以省下一筆錢』。接著，在另外兩個格子內填寫長期損失——『我將失去一種解悶的方法』和長期收穫——『我的身體會變得更健康』。」

　　若你內心的天使正努力抗拒這種誘惑，而內心的惡魔卻告訴你明天再開始戒菸也無妨，他們便會開始爭鬥起來，等到你的精神疲乏了，自然戒菸這件事也就跟著泡湯了。但若能透過前述的正視、接納和比較的方法，那麼效果也會比強行壓制更好。

　　與其你在戒菸時總想著：「不能抽菸」、「不要抽菸」，不如改以疏導想法的方式來「說服」自己、「安慰」自己。其實，「不能」、「不要」這種抗拒是在浪費自己的精力，因為你壓制得越厲害，就會發現自己越難集中精神，這也是為什麼我們想改變某些習慣，卻總是改變不了的最大原因。

　　也就是說，自控力中的「控」並不是束縛、壓制，而是「引導」。因為一再地壓制自己的真實想法、真實感受，看起來雖然很堅強、很了不起，但實際上那並不是自控，而是一種不健康、不能長期維持的一種「自虐」，遲早會讓你「忍」出病來的。

　　自控力差之所以會成為許多人難以解決的「心病」，其原因往往就出在對於「自控力」的錯誤理解上。我們知道「自控力」的意思是「控制自己」，具體來說就是「自己的理智要控制自己的衝動」；再具體一點，就是「想改變」的心情要控制「不想改變」的心情。

　　事實上，真正的改變來自於接納和引導，而並非排斥和壓制。

　　生命中包含了許多你我很難去改變的個人缺點，只要存在，它就有著存在的意義，這是為了讓人成長的一種人生課題。例如，憤怒是為了提醒我們要爭取合理的權益；恐懼與疼痛是為了讓我們免於受傷害……當我們瞭解各種存在其實都是一種挑戰的時候，也就能帶著更豁達的心態去面對自己的缺點，循序漸進的改進了。

 這樣做，就對了

 ## 把「不要做什麼」改成「我要做什麼」

當你想要改掉某些壞習慣的時候，別用負面的語氣警告自己，你可以將「不要○○」改成「我要去○○」來替代。

舉例來說，你想要「戒菸」，就可以把「不抽菸」，改成「我要嚼口香糖」；想要「不晚睡」，就可以改成「我要早三十分鐘上床」；想要「上班不遲到」，就可以改成「我要早十分鐘到」，如此結果將會是具體的、有改善的，雖然說法不一樣。

務必別用負面的語氣要求自己，若你能用正面說法執行目標，就能比每天要自己不要如何如何更有效果。

從設立近期的簡單目標開始吧

設立過多、難度過高的目標，反而不容易去實現，導致最後自己失去耐性，無法達成目標。

當我們對某個目標顯得猶豫不決，或者正處於缺乏自控力的時候，就應該從設立簡單、明確可行的近期目標開始。當我們能專注於完成那些最簡單的事情時，就能逐漸產生成就感與自信心，進而產生良好的正向循環。那麼你可以怎麼做呢？

＊將近期想實現的小目標寫在一張紙上，這些目標可以包括很多方向，例如旅行、看完一本書，甚至可以是逛街或泡溫泉等等，並依照目標的重要性在紙上做劃分，將簡單的目標放在前面，較複雜的放在後面。

＊找一張畫或者海報，尺寸大小與你寫滿目標的紙張一樣（也可以先找畫，再找一樣大的白紙寫下你的目標）。

＊先將畫貼在牆上，再將你的每一個目標用剪刀剪開之後，像拼圖的

方式，黏在畫上，最後你的目標紙片會完全覆蓋在畫上。

＊從最簡單的目標開始行動，每實現一個小目標，就將目標紙片拿下來，露出底下的畫，直到最後目標全部實現時，就能露出完整的畫，表示自己已全部完成了。

 ### 失敗時要能適當轉移情緒

無論目標大小，都有可能遭遇失敗。我們在自控力受到挑戰時，更容易產生煩惱、苦悶等負面情緒。這種時候，務必不要強迫自己精神緊繃地繼續做下去，不妨先將注意力轉移到其他地方，讓自己的挫折感暫時緩解一下，等到心情恢復平靜之後，再繼續努力。以下幾個方法，你可以嘗試看看：

＊心情不好時，出去走走，到外面逛一逛，呼吸一下新鮮空氣，轉換氛圍，這能讓你的思路逐漸開闊，也更容易找到解決問題的方法。

＊閉上眼睛，暫時離開眼前讓你煩惱的事情，可以去想像那些恬靜美好的景物，例如碧綠色的湖水、金黃色的沙灘、藍天白雲等等，讓自己挫敗的心情能平復下來。

＊將注意力轉移到你感興趣的事情上，例如看電視、看電影、讀書、運動等等，這些讓人感到輕鬆的事情能在很大程度上轉移你的注意力。不僅能有效防止不良情緒的蔓延，更能透過做自己喜歡的事來達到增強正面情緒的效果。

免痛苦：列出一直想去做的事

要及時把握夢想，因為夢想一死，生命就如一隻羽翼受傷的小鳥，無法飛翔。

——美國詩人　朗斯頓‧休斯（Langston Hughes）

人生是一場長跑馬拉松，不是一百公尺的短跑。所謂人生是一場考驗心智的耐力賽，通常人們會在一開始就衝勁十足地訂立許多新目標，然而時間一旦久了，如果沒什麼進展，那麼這場比賽就會讓人感到沒完沒了，而我們的目標也將隨著當初的信誓旦旦到煙消雲散。

許多人認為，要改變一個多年的陋習，需要靠的是足夠的自控力。如果怎樣都改變不了，就代表這個人的決心不足、意志不堅定。這種刻板印象很難去改變，也使得很多人放棄改變。

而另一個常見的改變失敗的原因是：人們總是自恃甚高、太貪心，經常訂立下太大或太多的目標，例如覺得自己的缺點很多、想做的事情很多，這些都想一次改變！但是，事情哪有這麼簡單呢？要不賴床、不遲到、每天念半小時的英文、每天都要吃青菜水果、十二點前睡覺等等……目標太多的人注定會失敗，因為他們根本沒有足夠的自控力可以同時「挑戰」這麼多關卡。

有專家這麼說，若只靠自控力去改變習慣，就會像是希臘神話裡薛西佛斯（Sisyphus）受到眾神懲罰一樣的結果：他必須將一塊大石頭從山腳推向山頂，但每當他接近山頂時，大石頭就會因重而又滾回山腳下。薛西佛斯周而復始地做這樣了無意義的工作，一輩子終究徒勞無功。

但其實想要「免痛苦」的提升自控力並不難，端看你用的方法是否正確，而此篇的重點是：找到你一直想做的事，數目不須多，但需要你量化它，再設立細節的目標，加強想達成的欲望──因為夢想越具體，就越容易實現。

來看看這篇曾在網路上廣為流傳的小學生作文，它出自日本的大聯盟選手鈴木一朗（Ichiro Suzuki），你會發現其中的魔法究竟為何。

我的夢想　愛知縣西春井郡豐山國小　六年二班　鈴木一朗

我的夢想，就是成為一個一流的職業棒球選手。因為這樣，我一定要參加國中、高中和全國大會的比賽。為了能活躍於球場，練習是必要的。

我三歲的時候就開始練習了。雖然從三歲到七歲練習的時間加起來只有半年，但從三年級到現在，三百六十五天裡，有三百六十天都拼命的練球。所以，每個禮拜和朋友玩的時間，只有五到六個小時。我想這樣努力的練習，一定可以成為職棒球員。

我打算國中、高中時闖出一番成績，高中畢業後就加入職棒球隊。我想加入的球隊是中日龍和西武獅。以選秀制度加入球隊，目標契約金一億日元以上。我有自信，不管是投球或是打擊。

去年夏天，我參加了全國大會。看了所有的投手之後，我確信自己是大會的NO.1，而打擊方面，我在縣大會的四場比賽中，打出三支全壘打。整個賽程累計打擊率0.583。連我自己都很滿意這個成績。

然而，我知道棒球不只是光靠一年的成績就可以論輸贏的。所以，我會持續地努力下去。如果我成為了一流的球員，能出場比賽的話，我要送招待卷給那些曾經照顧我的人，讓他們幫我加油。總之，我最大的夢想，就是成為職棒選手。

※老師評語：擁有一個遠大的夢想，志氣很高真的很棒呢！只要能以「我的練習不輸給任何人」自豪的話，鈴木君的夢想一定會實現的。加油喔！

鈴木一朗的作文明確地說出了他的夢想、為了實現夢想所需要的努力、短期的目標、長期的目標、他設定達成的時間、他想像達成之後的場景等等，如此詳盡的計畫與內心的熱忱，再加上願意盡自己最大的努力去練習，比起一般只說：「我將來想當職棒選手」的孩子，實現的可能性當然大上許多。

也就是說，好方法可以讓你更容易改變習慣，而且不會太痛苦。實行前先確認你的「目標是什麼？」、「行動是什麼？」、「結果是什麼？」，就可以強化你的自控力，讓新習慣就此延續下去。當你能夠駕馭無數的小習慣時，也就能駕馭整個人生了。

這樣做，就對了

量化你的目標，不說空泛話

＊不給自己設立模糊的目標、說空泛的話，例如並非「我想要多運動」或者「我最近想唸一點英文」，而是應該具體地表示「我每天早上要跑五圈操場」或者「我一個禮拜要有三天晚上都念一個小時的英文，時間是星期一、三、五。」如此具體的目標不但明確，而且更容易讓自己實行。

＊如果沒有太明確的目標時，就不要隨便下決定，要學會去思考、判斷這個目標是否是自己真的想達成的，並且你會願意犧牲部分時間或體力去達成。

＊確立目標之後，便要積極投身於目標的實踐當中，從一個個小目標的達成裡養成堅持到底的習慣。建議制訂自己喜歡、且必須能實現的小目標，然後利用自己的各種能力、資源一一完成。

估算恰當時間，提升效率

設立目標之後，如上述將過程細分，同時記得估算每個小目標完成所需的時間。

論理學家道格拉斯・霍夫司特（Douglas Hofstadter）曾說：「工作總是比想像中的要花時間」，很多人應該也是這麼想的吧？

當我們實際上去執行的時候，結果總是會比原先想像中花的時間更久，特別似乎更容易遇到各種「阻礙」讓你無法如期完成。

為了避免這種情況發生，我們需要先細分大目標的內容，再合理的分配時間給各個小目標，甚至設定每一項細節的完成時間，要求自己在時間結束前全力衝刺，如此便能有集中注意力與施予壓力的效果。

 設定習慣系統，讓自控力自己運作

自控力本身可以成為一種習慣，而據專家研究，習慣就像是建立一個以「提示」、「習慣」與「獎賞」構成的循環，「提示」告訴大腦該運用哪個「習慣」，在行為之後，自己會產生「獎賞」（也就是成就感），讓大腦記住這樣快樂、正面的循環。

能夠將自控力養成習慣、不半途而廢的人，多半是因為自己先設定了清楚的提示，並訂下給自己的獎賞為何。例如寫畢業論文，在畢業前能穩定的增加字數是畢業生要培養的自控行為，關上聊天視窗及手機是提示大腦要專心了，而獎賞則是每天到達畢業論文的目標字數時的成就感。

除此之外，還要強化習慣的誘因——引發渴望。讓大腦在你行動之前就期待獎賞、期待成就感，想像完成之後的感覺、想像看到畢業論文裝訂成書的成就感，你的衝勁就會源源不絕。當你越能想像達成目標後的愉快感，就越能加強你的自控力。

🔑 關於個人能力，你是哪種心態？

一本名為《心態致勝》（Mindset: The New Psychology of Success）的書中描寫到，若你對於個人能力的看法有所不同，這將會大大影響你的未來。如下所述有兩種類型：

＊天注定：「固定型思維模式」（fixed mind-set）

擁有這種心態的人認為每個人的能力都是天注定的，人可能天生聰明，也可能天生愚笨，而人們所表現出的各種行為都是自我能力的體現，例如考試考不好、廚藝不佳、方向感不好等等，就證明了自己不夠聰明。

然而這樣的思考模式對我們來說並非是種好現象，日子久了之後，一旦我們在某方面持續表現不好，就很容易造成自己對自己的不信任，認為我就是對這個領域不在行，漸漸地便會限制住我們的發展，成為人生中的一顆絆腳石。

＊後天努力：「成長型思維模式」（growth mind-set）

反面來說，成長型的心態則是相信每個人的能力都可以靠後天加強，此種模式認為大腦就像肌肉一樣是可以被訓練的。而擁有這種思考模式的人能接受挑戰，因為他們知道經過訓練之後自己將變得更優秀，因而去挑戰自己不懂的事物。此外，他們較能接受批評，能將外界的批評視為一種需要改進的提點，並能謙虛地改善。

對於增強自控力來說，成長型思維模式能成為讀者朋友們的天助，讓我們在訓練的路上從犯錯當中學習，更願意持續去挑戰新事物，

你的自控力夠強大嗎？

下列各題中，每道問題有4個選項，根據你的實際情況選出一個最適合的答案。　　　　　　　　　　　　　將各題得分相加，算出總分。

1. 你去好友家拜訪，茶几上放著一盒你很喜歡的牌子的巧克力，但他沒說請你吃。當他為了接電話而離開房間時，你會？

Ⓐ·立刻吃一塊巧克力，再拿幾塊放到自己的包包裡。　　　　　　1分
Ⓑ·開始一塊接一塊地吃，你認為你們的交情是沒問題的。　　　　2分
Ⓒ·安靜的等他回來，抵抗巧克力的誘惑。　　　　　　　　　　3分
Ⓓ·心想：「沒關係！我等下會有更美味的晚餐！」　　　　　　4分

2. 你發現好友並沒有將聊天視窗關掉就離開房間，你一向都很想知道他和女朋友的關係如何，此時你會？

Ⓐ·克制自己，不去偷看。　　　　　　　　　　　　　　　　　4分
Ⓑ·跟著離開房間去找他，避免自己有被引誘偷看的機會。　　　　3分
Ⓒ·眼睛匆匆掃過幾行，直到內疚感讓自己停下來為止。　　　　　2分
Ⓓ·急急忙忙地看，然後藉機調侃他一番才是好麻吉。　　　　　　1分

3. 你從好友的聊天視窗中發現了許多秘密，很想跟別人分享，你會？

Ⓐ·立刻告訴你們的共同朋友，說他正迷戀某個女孩。　　　　　　1分
Ⓑ·不打算告訴任何人，但會讓好友知道你已經偷偷發現他的秘密，使其成為你
　的把柄。　　　　　　　　　　　　　　　　　　　　　　　2分
Ⓒ·什麼也不做，繼續和他當好朋友，守住秘密。　　　　　　　　4分
Ⓓ·當作什麼都沒有發生過，但心裡對他的印象已經打折。　　　　3分

4. 你正在努力存錢準備出國旅行，但你在名牌店很難得地看到一件很喜歡的衣服，你會？

Ⓐ·每次經過那家店時都刻意不看，直到那件衣服被賣掉。　　　　3分
Ⓑ·自己買布料，請人縫製一件一模一樣的衣服，但價格便宜許多。　2分
Ⓒ·不顧一切地買下它，然後請求雙親借錢給你去旅行。　　　　　1分
Ⓓ·直接放棄，因為沒有任何事物可以阻礙你的旅行計畫。　　　　4分

5. 你愛上了一個男孩（女孩），但他（她）卻只在無聊時才會想起你。在一個狂風暴雨的夜晚，他（她）表示想跟你見面，你會？

A·立刻冒著大風大雨去找他（她），即使吹風受寒也願意。　　1分
B·拒絕他（她）的要求，雖然你很不想這麼做，但你需要的是一個真正關心你的人。　　3分
C·先開玩笑地請他（她）答應以後要對你更好，你才願意去。　　2分
D·直接拒絕他（她）的要求。　　4分

6. 你對新年時所設下的目標，抱持的是什麼樣的態度？

A·通常只能記得幾天。　　2分
B·能夠維持一整年。　　4分
C·一忙起來就懶得去想什麼目標。　　3分
D·雖然記得，但通常都無法達到。　　1分

7. 如果你打算每天早上六點起床，就可以有更多的時間做自己的事情，你會？

A·雖然每天鬧鐘都準時響起，但你還是會賴床，到了七點才起來。　　2分
B·把鬧鐘調到五點半響，以便能準時在六點起床。　　4分
C·大約會在六點半起床，然後洗臉刷牙，還是有點昏昏欲睡。　　3分
D·算了吧！充足的睡眠比做自己的事情更重要。　　1分

8. 如果你需要在六周內完成一項重要任務，你會？

A·在接到任務後的五分鐘開始進行企畫，以便有充足的時間完成任務。　　3分
B·截止日期前一週才開始進行。　　1分
C·每當要進行時都會有其他事情讓你分心，你經常要提醒自己還剩多少時間才不會忘記。　　2分
D·立刻進行，並保證會在截止日期前兩天就完成。　　4分

9. 你正在上減肥課程，醫生建議你少吃多運動，一星期後再來複檢，你會？

A·只在前兩天照做。　　2分
B·拼命運動，直到身體撐不住。　　4分
C·每天走路去買三餐，然後再走路回家。　　1分
D·只有這個禮拜照著醫生指示去做，等複檢之後就恢復原狀。　　3分

10. 好友想跟你一起熬夜看電影，但你隔天早上七點要去打工，你會？

A · 看到晚上十一點就回家睡覺。　　　　　　　　　　　　　　　　3分
B · 直接拒絕，好好地睡一覺。　　　　　　　　　　　　　　　　　4分
C · 看身體狀況而定，如果太累就請假不去上班。　　　　　　　　　2分
D · 看一整晚電影，然後直接倒頭就睡。　　　　　　　　　　　　　1分

測試結果：

20分以下： 你並不是缺乏自控力，只是你更喜歡做那些你感興趣的事，更想要及時享樂而已。若你做的是能及時得到成就感的工作，你就會想盡辦法地堅持下去，但最大的限度也是如此了，雖然你很想達成自己的目標，但很可惜的是，你很少能堅持到底。注意：再不勇敢面對自己的自控力薄弱的事實，人生終將一事無成！

21～30分： 你是很懂得權衡輕重的人，知道什麼時候要堅持到底、什麼時候又該適當放鬆。你屬於很能堅持自我原則的人，但如果遇到自己特別感興趣的事物時，通常你的好奇心也會很容易戰勝你的自控力！注意：當誘惑更大時，你就要特別當心了，別輕易搖擺！

31～40分： 你有著極強的自控力，任何人事物都很難讓你改變心意。但要記得的是，有時候太過於執著某些原則也並非是件好事。因為太固執，就會傷感情，試著偶爾轉換一下緊繃的心情與嚴肅的態度，你的人生會過得更愜意。注意：自控力極強的人很容易跟他人產生距離，記住，很多事情都不是你一個人有毅力就可以成功的，你需要進而能影響團體，彼此一起達成共同目標，如此才能創造出彼此最大的雙贏。

Chapter

2

掌握自控關鍵是你的心態

限量的自控力

Happier

how to improve
your self-control.

人的真正偉大之處，就在於他能夠認識到自己的渺小。

——美國海軍軍事家　約翰・保羅

John Paul Jones

優劣自控力，決定你人生成敗

　　每一個人都多多少少有點惰性，一個人的意志力不足夠推動他自己，他就失敗，誰最能推動自己，誰就最先成功。

——法國著名作家　羅曼‧羅蘭（Romain Rolland）

　　美國著名發明家愛迪生（Thomas Alva Edison）曾說：「偉大人物最明顯的標誌，就是他的堅強意志。」

　　作為一種力量、一種精神，自控力更是指一個人想要達到某種目標而自覺奮鬥、永不退縮的一種心理狀態，且能清楚表現出來他的承受能力有多大。

　　自控力不僅能夠顯露一個人的未來，還能讓人的潛能達到前所未有的極限，因此是每一位成功者都擁有的性格特質。

　　你可能聽過，一條毛巾使用三十年，這就是台塑集團創辦人王永慶的節儉之道。

　　俗話說：「富不過三代」，這意思是指白手起家的第一代往往缺乏創業的條件，他們明白如果不努力，根本就沒有翻身的日子。而為了達到創業條件，他們事事耗費苦心，因而在這種困境中建立起來的基礎一定是紮實的。

　　第二代如果善於利用這個基石，往往不太容易受到影響，他們起碼還知道維持。但到了第三代，不僅沒吃過苦，甚至沒見過什麼苦，因此容易鬆懈。人一旦鬆懈了，就會疏於防範，所以俗話說：富貴不會超過

三代。

　　然王永慶雖坐擁億萬資產，卻一生儉樸，從不奢靡。

　　例如：他對於吃的原則是「簡便」，每天早上的公司會議，王永慶會享用並不豐盛的早餐——牛奶、咖啡和雞蛋。他喝咖啡的時候有一個廣為人知的小習慣，把奶精倒入咖啡之後，一定會再倒一些咖啡到裝奶精的小盒子裡，將剩下的奶精「洗」出來再倒回咖啡裡，確認沒有浪費之後，才會慢慢地享受。除了商場的必要應酬外，王永慶也很少去碰那些山珍海味，他最常吃的其實是台灣最普通的滷肉飯。

　　穿的方面，王永慶一直以「整潔」為主，他每天早上跑步穿的運動鞋，總要穿到好幾年了，直到磨破、真的不能再穿了，他才願意換掉；而一條運動時用的毛巾，他居然也用了將近三十年，更因此受到媒體的關注與報導。

　　台塑集團旗下的企業、工廠，同樣也受王永慶的勤儉風格所管理。每一張紙都不能隨意丟棄，必須要正反兩面用過才行；工人所戴的手套也要多次使用。

　　但是，對於社會公益事業，王永慶卻從不小氣。他在生前常說：「有錢不去做公益，是一種罪過。」他一生中為慈善事業捐贈無數，是歷史上捐款數額最多的台灣企業家。

　　王永慶的白手起家史就是一個堅忍不拔、勇於拼搏的模範過程。他以強韌的自控力從貧困中崛起，又能以平常心長守一生的財富，這就是為什麼王永慶能成為台灣傳奇的原因。

　　自控力不僅是人們對目標不懈追求的力量，這種目標可以是短期的、微小的，也可以是持久的、長期的，可以是涉及為人處事的細微之處，更可以是關係到人的一生的利益組合。

　　而自控力在長期目標中所發揮的作用，取決於其在平時是否足夠堅

持。在一些緊急發生的事件中，自控力通常能展現出巨大的力量。然而如果面對的是某一事件或行動的長期過程，或者關係到一生的偉大目標，它就可能會表現得零零落落。

　　換句話說，多數人的決心是不堅定的，因此，較無法在一段長時間或者一連串的行為當中保持相同強度的自控力。當然也就難以透過自控力去實現長期的目標。因此，能否在早期訓練和提升自控力，是關係到我們一生成敗的重要因素。

拆解出小目標，激勵自己

　　人沒有目標就會無所作為，無論在哪裡，有目標且能努力去實現的人能從一般的小人物成為管理者、再從管理者成為領導者。可見，制訂目標並積極行動，對一個人的長期培養至關重要。該注意的是：

　　＊目標不要設立太多，如果貪圖一舉多得，你就很可能因為沒有足夠的自控力的「量」而無法實現。

　　＊實現較難的目標需要較強的自控力。因此將一個大目標分解成無數個小目標，實現的效果會更好。

　　＊創造一個關鍵字或短句，在脆弱時，提醒自己不要忘記自我價值，這會激勵你不斷前進，繼而使你做出積極反應。

　　＊實現了一個消耗巨大自控力的目標之後，要給予自己適當的休息時間去實現下一個目標，不要將自控力一次耗光。

　　＊人的自控力在早晨時是最強的（夜貓子類型不在此列），因此可以將需要較強自控力的任務放在早晨完成。例如，想堅持鍛鍊身體，就最好養成早上運動的習慣。

將積極行為養成一種習慣

研究表明，自控力是一種有限的資源，當你下意識地控制自己的衝動、想法，或者做出決定、抵禦誘惑時，你會逐漸感到疲倦。當自控力耗盡之後，你就無法有效拒絕誘惑或者應付別件事。

因此，最好的方法是將這些積極的做法形成習慣，就像每天刷牙、吃飯一樣，而習慣的養成需要重複二十一天。你可以：

＊寫下激勵性的文字，放在自己隨時能看到的地方，並在腦海中逐漸強化這些內容。

＊每天（每周或每月）騰出一段時間審視自己，確認自己的哪些做法是值得肯定且需要繼續努力的，釐清哪些做法是需要避免並進行改正的。

＊告訴自己周遭所有的親人、朋友和同事你在生活和工作過程中的積極行動，將不良情緒拋到一邊，這會增加你的自信心，也會令你的積極行為成為一種受監督的習慣。

＊在培養習慣的過程中，不要指望一次就能養成，通常培養一個習慣要反覆實行很多次才能成功。失敗時，要把原因找出來，想出解決辦法，多嘗試幾次，並保持足夠的耐心繼續實行。

09
如何對抗有用量限制的自控力

> 既然我已經踏上這條路，那麼，任何東西都不該妨礙我沿著這條道路走下去。

> ——德國古典哲學創始人　康得（Immanuel Kant）

前述說明四歲孩子的自控力調查表明了，成績落後或愚笨的孩子，大多是因為缺乏自控力；而優秀學生的共同之處，就是擁有較強的自控力。

同樣地，在大人的世界中，那些成功者通常具有極強的自控力，能讓一時的歡樂或陶醉服從於長期的幸福之下；而失敗者往往過度缺乏自控力，經常淪為情緒的奴隸。

而心理學家研究更發現，潛意識的能力之強已超乎了人們的想像。許多專家認為，多數人都只用了10％的潛意識，有些人甚至用不到自己潛意識的3％。潛意識能夠透過自我暗示發揮出無盡的力量，而世界上許多所謂的「奇蹟」或「靈感」，都是透過自我暗示的方式產生的。

人類是世界的主宰者，這是由於人類可以支配自己的命運和環境，究其原因是人類擁有可以改變及支配自己行動的能力。如果我們可以更利用自我暗示的力量，就能有效調動我們的行動、強化自控力、精神力、體力，從而產生意想不到的效果。

成功除了需要堅持不懈之外，其他因素也是至關重要的，例如誠信、冷靜、不拖延等等。但是，這些好習慣都脫離不了良好的自控力的。

縱觀人類歷史，我們可以發現，越是成績突出者，其自控力越強。

只有真正能夠掌控自己的人，才能掌控一切。所以說，自控力將會是你一生中最強大的力量與財富。

> 長期研究自控力的心理學教授羅伊‧包密斯特（Roy F. Baumeister）經由實驗揭露出了自控力的另一面。
>
> 他做了一項實驗，要求受試者禁食一餐來到實驗室，然後給他們兩個選擇：分別是B組一碗「蘿蔔」和A組一盤剛烤好的「餅乾」。A組受試者收到的指令是吃餅乾，不能吃蘿蔔；而B組則是只能吃蘿蔔，不能吃餅乾。
>
> 接下來，研究人員要求受試者完成一個看起來很簡單但其實無解的益智遊戲。
>
> 這個實驗背後的假設是，B組吃蘿蔔的受試者已將自控力用於拒絕餅乾的誘惑，會比另一組更容易放棄。結果，蘿蔔B組平均只用了餅乾A組的一半時間就放棄解答了。
>
> 包密斯特因此下了結論，人的自控力就像肌肉一樣，用久了會感到疲累。且自控力是一種有限的資源，在不同事物上我們所運用的自控力其實都來自於同一種固定的力量。
>
> 換言之，不是我們沒有自控力，而是我們在日常生活中耗盡了自控力。包密斯特更指出：「自我規範失敗，是我們現代最主要的社會病態。」
>
> 而肌肉的概念可以解釋自控力耗盡的現象，同時意味著我們可以儲備自控力、鍛鍊自控力「肌肉」，讓它更為強壯。

人的行為在很大程度上是由自控力決定的，而自控力又取決於人的「用量」多寡，因為歸根究底是人在做選擇，也就是你在做選擇。所以在這個問題上就產生了有效運用自控力的重點：在重要的事上消耗最多的自

控力才符合80/20法則，也就是在重要的事情上使用80％的自控力，才能得到最好效果。

而一個人想獲得強大的自控力，就要在潛意識中給予自己積極暗示，以便讓自身釋放出強大的潛力，達到自己的預定目標。

所以，一個人如果想擁有強大的自控力，首先就要在潛意識中給予自己鼓勵與積極的暗示。只有當暗示發揮作用之後，我們的身體才能具備源源不絕的能量，從而迎接一個個艱難的挑戰，一步步邁向成功。

良好的自控力可以使人們在任何場合、面臨任何問題、受到任何影響時，還能始終如一繼續努力。

在我們成功的道路上，最大的困難通常不是因為缺少機會或者資歷尚淺，而是缺乏對自控力的培養與正面的鼓勵。人的選擇之中包含著一種理性，只有當理由足夠充分時，人才會產生更強大的自控力。

一個充分的理由和鼓勵就可以構成一項動機，你可以將其作為行動的能量，然後你會發現，自己的心態產生了改變。而心態帶來的變化，能直接影響你的生活，而你的人生，也會因此轉變得更美好。

那麼，我們究竟要如何對抗自控力的用量限制呢？

你是正面還是負面思考？

我們的大腦很容易會「是非不分」，無論是對好的、壞的、積極的、消極的暗示，都會照單全收。因此，我們必須有意識地控制想法，利用其中的相關因素，不斷地為其注入積極的、正面的訊息，從而使正面的思維占據大腦的主導地位，使其成為最具優勢的大腦力量，甚至成為支配我們行為的直覺習慣。

思考方式雖然是一種抽象思維，但要有效地控制它並不難。在日常的生活和工作之中，如果能做到下面幾點，便可以持續擁有正面、積極的情緒。

＊重新養成良好的生活習慣，改善各種不節制的行為，讓自己的身心重新健康起來。

＊正確地評價自己，接受自己的優點和不足。即使不足，也不要怨天尤人、失去信心，應該坦然接受，並積極改正自己。

＊滿懷自信，積極地與他人來往，營造良好的人際關係和環境氛圍。

＊善於觀察自身情緒與行為的變化，並進行有意識的正面心理暗示，以提醒自己應改變想法，樂觀生活。

＊參與感興趣的活動，以排除體內的情緒抑鬱廢物，轉移長期專注在某些事上的注意力，宣洩心中的負面情緒，重新給自己擁有愉悅心情的機會。

如何積極進行自我暗示

大腦需要你不斷地進行自我暗示才能發揮更大的潛力，所以我們應該經常進行正面的自我暗示。

例如，你想達成夢想，就要經常在心中默念：「我會達成目標，我一定會成功。」經過這樣不斷地對自己反覆說服，當你的內心意識能夠接受這個指令時，所有的思考方式和行為也都會積極配合這個想法，從而有效提升你的自控力。此外，你還可以：

＊聲音的力量能夠影響我們的潛意識、增強自信心，並帶來積極的行動。所以，當感到恐懼、害怕、缺乏自信時，你不妨對自己大喊幾聲打氣的話，如此可以讓你迅速找回力量。

＊學會放鬆。讓自己做深呼吸，慢慢吸氣，然後慢慢呼出，每當呼氣時就在心中默念「放鬆」。或者可以用力握拳幾秒鐘，然後迅速放開。

　　如此循環幾次，也可以閉上眼睛，想像一些恬靜美好的景物，例如前述那些藍色的海水、金色的沙灘、朵朵白雲、高山流水等等，後續針對放鬆身心部分將有更詳盡的解說。

　　＊強化視覺也能加強自我暗示。例如，將自己的理想寫在一張紙上，貼在床頭，經常看看它，就好像看到了自己的未來是什麼模樣。透過這種方法，能有意識地讓自己不斷地向理想的方向努力，直到理想最終的實現。

加大你的自控力儲備量

當你沒空休息的時候，就是你該休息的時候了。

——美國理論物理學家　西德尼（Sidney Richard Coleman）

有些人天生擁有較強的自控力，但這些人終究是少數，更多情況是，人們的自控力來自於後天的學習、增強與儲備。

挑戰的事物多又困難可以鍛鍊一個人的自控力，但是長久的挫折或操勞卻會耗光一個人的自控力，例如，員工長期加班，運動員不間斷地訓練，明星不分晝夜地拍戲、趕通告，學生不間斷地考試與上課，以及其他過於「痛苦」的生活方式，都會在不同程度上消耗人的自控力。

當一個人的自控力被外界消耗過多時，他就會變得容易放棄，不願繼續追求，變得消極，甚至情緒失控，無法控制自己的言行舉止。

可見，人的自控力並不像鋼鐵那般堅不可摧，它像是一種人體內部的能量，像熱量一樣，可以被人創造，但也會因外界因素的變化被消耗。

曾任Google全球副總裁兼中國區總裁、並一手成立創新工場的李開復，他是個典型的工作狂，最忙的時候曾一周每天平均工作二十小時，有時會因為工作關係連續飛行四十多個小時；有時為了演講，要在幾個城市之間的十幾所大學奔波，以至於頭髮蓬亂，鬍子也來不及刮。而且無論工作多麼忙，李開復每天都必須要處理超過一千封電子郵件。

然而令人驚訝的是，面對這種經常性的繁忙且極度損耗精神的工作行程，李開復卻一直能給人一種彬彬有禮、不急不緩的形象。

當李開復加入Google之後，卻聽到自己一次次的離職傳聞，當時，他只是淡淡地表示：「網路上謠言的產生和傳播，其拓展速度遠遠超出我的想像。」

而在對李開復中傷最大的「逃稅事件」當中，他也被質疑漏繳個人所得稅，一時謠言四起，然而李開復並沒有做出任何回應，也沒有指責他人，直到拿到「榮譽納稅人證書」，才做出了正式回應。如此強大的自控力也非常人所能及。

在這樣忙碌而勞累的工作中，在自控力不斷損耗的情況下，李開復究竟是如何保持良好的專注力呢？沒想到李開復表示：他一直都將自己的目標當成疲憊時保持良好精神狀態的強心劑。他曾說過：「擴大自己的影響力，這不是一句空虛的口號，它能為我們帶來成就感。」也就是這種積極的心態使他每天都能高效率地投入到工作當中。

在行程當中，李開復會利用在飛機上的時間小憩。因為工作而前往世界各地時，也會品嘗當地美食，抽空遊覽當地名勝，並透過發微博的方式吐露自己的心情，或者轉發有趣的消息以放鬆自己。

在一次高中的巡迴演講當中，李開復曾提到關於長時間工作導致過度疲勞的問題。他說：「有朋友問我，為什麼你可以每天工作那麼長時間，在沒有休息的情況下，仍然可以保持良好的工作狀態和身體狀態？我想這是個好問題，很多人雖然辛苦工作，但總是覺得自己沒有成就感或者疲於奔命。那麼究竟要如何才能長時間工作並能保持效率呢？」

而李開復給出的六條建議之中有兩條談及自控力的恢復：「第一，要給自己時間放鬆；第二，不要長時間做同一件事情，因為重複久了容易覺得枯燥和疲勞，效率就會變低。」

恰當的身心調整使得李開復能始終保持著充沛的精力和高度的工作效率，使他在繁忙的工作中還能保持足夠的自控力與精神力。

因此，倒推回去，一個長時間生活在壓力中的人會得到抑鬱症；一個熬夜念書備戰的考生會因為壓力過大、缺少休息而情緒容易失控；一群被要求長期晝夜加班的員工會不顧一切突然罷工。但是生活在現代，我們得應對各種情況。想追求目標，自控力的損耗是在所難免的，而增強自控力儲備量的關鍵不在於防止自控力不受任何耗損，而是察覺自身自控力的變化，善於調節和補充，使自控力能盡快恢復到往常水準。

可見，良好的身心調整可以幫助人們修復自控力，從而提高自控力。那麼，哪些方法可以調整我們的身心、有助於養足精神，使自控力恢復水準呢？

這樣做，就對了

立刻讓身體動起來

運動可以增強人體免疫力，同時可以活化人們的腦力和強化自控力，讓人脫離消沉的狀態。透過運動，我們會變得興奮，同時，正因為有出汗和跳躍、打擊等活動，人的負面情緒也可以得到發洩。

而任何離開椅子的活動都能讓一個人重新振奮起來，使人的自控力得到恢復。周末，不要總是宅在家裡上網，離開你的椅子和床，積極動起來，讓自己的精神也振奮起來。你可以：

＊讓身體動起來。透過跑步、跳有氧操、游泳等活動讓自己揮汗如雨，使得自控力得到恢復，如果不能做以上訓練，簡單的肢體伸展和跳躍也能使你恢復活力。

＊打掃住家環境。周末時，為自己家做一次大掃除，讓自己動起來，即便只是簡單的掃拖地板、收拾房間雜物，也能讓你有效轉換心情。

＊積極參加公司或社區，各種社團組織的活動。不要一直窩在家裡，

如果有任何你感興趣的活動，請積極參加。

 ## 試試「睡」出自控力

當人的身體感受到睡眠不足時，就會做出保護反應，自控力會變得脆弱，人也會變得消極，無法集中精神，更容易被壓力壓垮、在誘惑面前屈服，情緒也會變差，遇事更容易放棄。然而補充睡眠可以讓一個人恢復自控力，使人不再感受到這種威脅。因此，無論工作多忙，你都應該抽空使睡眠保持充足。

＊每天晚上盡量保持七至八小時的睡眠。沒有做完但不緊急的工作或事情留到第二天去做。不要在無聊的事情上浪費時間，例如上網瀏覽網頁或者玩遊戲等。

＊養成早睡早起的習慣。盡量在每天晚上十一點前入睡，如果做不到，可調鬧鐘或請家人提醒，使自己盡快上床入睡，並改掉在床上玩手機或看書的習慣，最好將手機放在離自己遠一些的地方。

＊如果不能保證晚上有足夠的睡眠，可以透過睡午覺來補充能量。

＊抽出時間小憩。如果工作非常繁忙，就可以「見縫插針」，抽出時間小憩一會兒，如此也能幫助你快速恢復自控力。

 ## 攝取健康的飲食

佛羅里達州立大學研究人員發現：與吃飽肚子的人相比，因不吃飯而導致低血糖的人，在自控力測試中得分更低。可見，維持健康的飲食也能增強自控力的儲備。良好的飲食可以幫助人們補充能量，有助於自控力的恢復。注意：

＊多吃健康的食物，少吃辛辣、刺激性的食物或是燒烤類、油炸類和鹽分過高的食物，多攝入高纖維類，保持身體排便順暢，多攝入優質蛋白和適當的脂肪量，能保持身體活力。

＊按時吃飯，保持三餐的規律性。減少宵夜的飲食，不要暴飲暴食或者過度節食減肥。

 ## 學會放鬆，重新充電

在迎接挑戰的過程中，一旦時間過長，我們就會感到疲憊不堪，這是因為自控力同時也不斷地在消耗，使人產生疲勞感，此時恰當的放鬆也可以有效消除壓力。你可以：

＊聽一場精彩的音樂會，也可以看一場喜歡的電影，讓自己的心情完全放鬆下來。如果不能去現場，躺在沙發上，播放那些你喜歡的歌曲或影片，也能發揮不錯的效果。

＊和家人一起去戶外走走，和朋友一起外出逛街購物，和伴侶一起散步、聊天，都能讓你的身心得到放鬆。

＊看書、聽音樂，甚至是發呆，可以使你緊張的神經立刻放鬆下來。

11

如何應對自控力的疲憊期

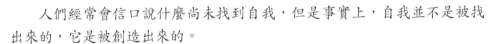

人們經常會信口說什麼尚未找到自我，但是事實上，自我並不是被找出來的，它是被創造出來的。

——匈牙利精神病學榮譽教授　湯瑪斯・薩斯（Thomas Szasz）

可能我們覺得有些不可思議，自控力也有疲憊期嗎？事實的確如此，前述的研究已表明了，自控力是一種有限的資源。當你下意識地抑制自己的衝動、思考；下意識地做出決定、抵制誘惑，且對一切都全力以赴時，你就會開始感到疲憊。這種疲憊，其實就是過度消耗自控力的疲憊。

然而幸運的是，自控力雖然會耗盡，但卻不是不可恢復，這讓我們離成功又更近了一些。看看這個故事：

> 有兩個人結伴橫越沙漠，水喝完了，而其中一個人中暑，不能行動。
>
> 另一個健康卻飢餓的人對中暑的同伴說：「好吧，你在這裡等著，我去找水源。」
>
> 接著他把手槍塞在同伴的手裡說道：「槍裡有五發子彈，記住，三個小時過後，你每小時對空鳴槍一次，槍聲指引我，我會找到正確的方向，然後與你會合。」
>
> 兩人分開之後，一個充滿信心地去找飲水，一個則滿腹狐疑地倒在沙漠裡等待。

中暑的人看著錶，按時對天空鳴槍。除了自己之外，他很難相信還會有誰聽得見槍聲。

於是他的恐懼加深，認為同伴是否找水失敗，已經中途渴死了；不久，又想像同伴已經找到水，但卻棄他而去，不再回來。

到了應該擊發第五槍的時候，這人開始悲憤地想著：「這是最後一發子彈了，他應該早就聽不見我的槍聲，等到這顆子彈用完之後，我還有什麼依靠呢？只有等死而已。」

「啊，在一息尚存之際，兀鷹會啄瞎我的眼睛，那是多麼痛苦啊，還不如我⋯⋯」於是他對準了自己的太陽穴，扣下扳機⋯⋯

沒想到不久，那提著滿壺清水的同伴領著一隊駱駝商旅循聲而至，但他找到的卻已經是一具屍體。

一個人擁有強大的自控力意味著：他透過自控力本身、透過自己的生理與心理，能夠利用強大的內在能量來達到預定目的。就像美國十九世紀傑出的詩人愛默生（Ralph Waldo Emerson）所說的，自控力是一種「鼓舞士氣、振奮人心的衝勁」。

很多時候，我們總是一感到沮喪或疲勞就決定放棄努力。因為當我們感到疲勞時，自控力就會開始減弱，這會令我們放棄很多原本已計劃好的事情。例如，將本該馬上完成的事情拖到第二天、選擇買外食而不是做一頓健康的晚餐。

可以肯定地說，生活中的種種需要的確會逐漸耗盡我們的自控力，同時也不可能有任何一個人擁有毫不竭盡的自控力。

但是，如果我們能在自控力耗盡之前轉換心態或環境，再給自己一次激勵，挺過疲憊期。那麼你就會發現對自己的目標有了更多追求的動力。

要做到這一點，你需要運用下列的幾種方法：

這樣做，就對了

 不斷刺激「我想要」的欲望

當發現自己的自控力開始疲憊、甚至即將耗盡告急之時，請立即刺激自己潛意識中「我想要」的力量，讓自己恢復衝勁。

＊問一問自己，如果這一次堅持下來，我將能獲得什麼？我是否會更健康、更幸福、更自由，或者更成功？

＊告訴自己如果現在決心克服這個困難，那麼一段時間之後，這個困難就會變得容易，現在的生活也會獲得更大的改善。

＊當設定某一目標是你最想實現的夢想時，就用這個目標不斷鼓勵自己，因為它是在你脆弱時能給予強大動力的事物。每當你面對誘惑、想要放棄時，就想一想這件事物能帶給你的美好。

呼吸也需要練習

呼吸不但能訓練我們的大腦，還能有效緩解我們的自控力疲憊現象，減輕我們的壓力，指導我們的大腦處理內在的干擾（例如衝動、擔憂、欲望）和外在的誘惑（例如聲音、畫面等）。

有國外研究表明，只要五分鐘的冥想呼吸就有助於我們提升自控力。你可以這麼做：

＊坐在椅子上，雙腳平放在地面上；或雙腿盤坐在墊子上，背部挺直，雙手放在膝蓋上，保持安靜。

＊閉上眼睛，調整呼吸。吸氣時，在腦海中默念「吸」，呼氣時則在腦海中默念「呼」。當發現自己心神時，必須立刻將自己的注意力拉回來，重新集中在呼吸中。

＊幾分鐘後，可以不用再默念「呼」字和「吸」字了，嘗試專注於呼

吸這個動作本身，你會體會到空氣從鼻子和嘴進入和呼出的感覺，體會到吸氣時胸腹部的擴張和呼氣時胸腹部的收縮。

＊剛開始時，每天練習五分鐘即可，習慣成自然之後，再試著每天練習十至十五分鐘。如果覺得有負擔，就減少到三分鐘。如此，你就能每天有固定的時間進行呼吸的專注練習，從而舒緩自控力疲憊現象，並能集中注意力。

 用「綠色力量」回歸自我

所謂「綠色力量」，指的是所有能讓你走出戶外，回到大自然中的活動。

專家認為，只要五分鐘的「綠色力量」就可以減緩壓力、改善情緒、提高注意力並增強自控力。而且，短時間的練習（例如散步）可能比長時間的高強度練習更有效。以下是可以嘗試的「綠色力量」活動：

＊離開你的房間，找到最近的一片綠色空間，呼吸一下新鮮空氣，做一些簡單的伸展活動。

＊播放幾首你最喜歡的歌曲，同時在附近的街道散步或慢跑。

＊在戶外與寵物一起玩耍五分鐘。

＊到有花草的地方，例如自家的花園或公園裡，欣賞或整理一下花草。

別讓自控力陷入道德許可陷阱

人最兇惡的敵人，就是他意志力的薄弱和愚蠢。

——俄國文學創始人　高爾基

我們都知道，習慣代表了我們生活中的絕大部分，然而習慣的自然也是維持我們生活不可或缺的一部分。但是，「習慣」這個詞通常代表了一種固定的行為傾向，無論是表面的行事模式，還是各種心理活動，很多時候都是對人們「有害」且愚蠢的。

在習慣的形成過程中，最重要的關鍵就是不斷地重複，直到行為表現不再需要意志的控制。而在意志的關注和願望的支配之下，不斷地克服腦中浮現的負面情緒，是我們改掉惡習的唯一途徑。

如果一個人從內心深處認為自己能夠戒除掉某些壞習慣，並且也願意付出努力，那麼不但這些壞習慣能夠順利戒除，我們的自控力還能同時增強。

但是，要克服這些惡習並不是一件容易的事，尤其是那些看起來似乎不會觸及「道德底線」的壞習慣是更難戒除的。

每當我們想要戒除這些壞習慣時，心底就會暗暗說服自己——我想要的並沒有那麼糟。我們迫切地要替誘惑我們的事物加上自己的道德標準，以便我們在放縱時沒有罪惡感。

例如，當我們到超市購物時，通常喜歡看哪些東西在打折。看到某件商品正在打折，就想結帳買回來，不論當時這件商品是否能真的在未來派上用場。

即使當時用不上，我們心裡也會想：「反正以後也是用得到……」於是，我們從貨架上拿下大量的打折商品，衛生紙、洗衣精、牙膏……此時，買什麼不是最重要的，重要的是「它們都是正在打折的商品」。

其實，這是一種很糟的習慣，但卻讓我們毫無罪惡感，也不會產生內疚心理。因為在放縱自己時，我們認為自己是在「省錢」，是一種對自己「極有幫助」的行動而不是在「花錢」。由於這種「道德許可」的陷阱，也讓我們的自控力受到了很大的挑戰，並讓我們最終屈服。

美國作家馬克·吐溫（Mark Twain）的醫生曾責備他抽菸和喝咖啡沒有節制，而且每天晚上他還要喝茶、喝酒，吃一些難以消化的食物。

對此，馬克·吐溫宣稱：「我不能少吃少喝，因為我缺乏自控力。我可以徹底戒掉它們，但就是不能減少。」

馬克·吐溫這句話說出了多數人的實際情況，然而如果要根治壞習慣，只有徹底放棄一些嗜好。習慣的養成在前，根除在後，如果屢次戒除又屢次重犯，那麼是毫無意義的。在一定的時間和環境之中，這些可能不會觸及道德底線的「嗜好」還是會冒出來。

從中可以看出，要改掉壞習慣，我們面臨最大的問題還是回到缺乏自控力。所以在提升自控力和專注力的過程當中，我們不應該輕易地認為，自己所做的事若能得到道德或常理上的許可，就是正確的。

如果我們只用「正確」和「錯誤」來判斷自己做的事，而不是牢記我們真正想要的東西，那麼行為與實際目標就會出現抵觸，結果也會讓我們離真正追求的目標越來越遠。

也就是說，想要真正做到控制自己的行為和意志，就必須下定決

心，徹底根除那些「道德許可」陷阱內的壞習慣，不要讓它長久潛伏在心裡，經常冒出來影響我們的判斷力，妨礙我們的作為。

這樣做，就對了

勇於面對你的心理弱點

心理學家說：「意志堅強的人是那些無畏面對自己弱點的人。」所以，當懈怠的念頭出現時，你必須承認它的存在，而不是馬上舉白旗認輸。堅決地挺過這種時刻，那些要克服的困難就會自動退卻。

＊判斷清楚哪些行為是與自己的目標有關的、該做的，而哪些又是無關的、不該做的，進而控制自己猶疑不定的想法和欲望。例如，改正購物時貪便宜的心態，減肥時控制自己吃纖維含量高的食物等等。對這些行為先弄清孰是孰非，才能避免自己做錯事。

＊當要做出與自控力有關的決定時，不要想著「明天我再好好表現」，允許自己今天的放縱，這不僅不利於改善缺點，反而還會養成拖延的習慣。

不要忘記你真正的目標

＊時刻提醒自己，你目前付出的所有努力，都是為了實現最後的目標，盡量不要做與目標無關的時間、精力浪費。因為目標不是下定決心之後就萬事大吉了，還要時刻牢記，不要讓自己努力的方向偏離真正的目標。

＊不要將獲得的一點進步或成績當成自己放縱的藉口。面臨誘惑時，更應該加倍努力戰勝放縱自我的念頭。

＊生活上，盡可能地做出正事和娛樂的分水嶺，強化刺激前進的念

頭，遠離娛樂的誘惑，以不至於被娛樂誘惑而忘記正事。

隨時隨地強化自控力

　　無論在什麼時候、什麼地方，都可以試著增強自控力。久而久之，一些惡習就能在你始終不妥協的自控力面前舉手投降了。

　　＊積極的自控力能夠讓我們克服惰性，將注意力集中在目標之上。所以，當遇到阻力時，想像一下自己克服它之後的快樂。既然投身於實現目標的具體實踐當中，就要堅持到底。

　　＊嘗試給自己足夠的壓力。研究發現，在足夠的壓力之下，人的潛力能發揮到極限。所以，不妨對自己狠一點，將自己放在一個沒有退路的立場上，你會發現你的毅力原來可以那麼強大。

　　＊將「我想在這件事上隨心所欲」的想法換成「我希望做到『相反』的事，我希望實現目標，我希望從它的控制中脫離出來」。沒有什麼事是你做不到的，只要你真心想做。

13

嚴以律己，寬以待人的必要

永遠沒有人可以擊退一個堅決強毅的希望。

——英國文學家　查理斯・金斯萊（Charles Kingsley）

很多時候，我們總習慣苛求他人，對自己卻處處寬容。例如，走路時，我們埋怨開車的人不夠禮讓處於弱勢的行人；而當自己坐車或開車時，又會埋怨行人不遵守交通規則；排隊時，如果前面有人插隊，排在後面的我們甚至會怒吼一聲：「不要插隊！」；然而當自己面對排隊的長龍時，又總會用目光搜尋是否有熟悉的面孔可以加快排隊速度。

我們總是要求他人能夠遵守（我們的）規則，卻又往往會對自己網開一面。其實，這種對他人要求過多的心態，就是一種自私、心胸狹隘的表現。在這種放縱自己與過度要求他人的心理支配之下，你將會失去珍貴的寬容之心。

事實上，多數人都是普通人。而作為普通人，總有一些縱容自己與苛求他人的自私心理，但我們不能讓這種心理無節制地擴張，否則，人與人之間就會產生爭端，人際關係也會變得不和諧，這也是因人性的自控力掌控不佳所造成的。

美國歷史上最偉大的總統之一——林肯（Abraham Lincoln），他是個非常善於與人相處的人。不過，年輕時的他其實非常喜歡批評他人，直到後來發生一個事件，才改變了他的做法。

一八四二年秋天，林肯寫了一篇文章抨擊一位自命清高的政客詹姆

斯。他在報紙上發表了一篇匿名信，狠狠地嘲弄了詹姆斯一通，結果卻被全鎮引為笑料。然而自負的詹姆斯也不甘示弱，當查清爆料人是林肯時，他馬上下戰書要求與對方決鬥。

林肯本來不想與詹姆斯決鬥，但迫於情勢與維護自己的聲譽，只有接受挑戰一途。幸好在最後關頭有人勸阻了他們，才避免了一場流血事件的發生。

這讓林肯深刻地瞭解與人相處的藝術，自此之後，他不再對他人那麼刻薄，也不再自私地為圖自己之快而任意嘲諷別人了。也正是從那時開始，他幾乎再也沒有為任何事而指責過人。

每個人都會有失誤和犯錯的時候，當做錯事時，我們總希望得到他人的理解和原諒，也希望對方能將我們造成的這些不愉快忘掉。因此，當別人有錯誤或傷害我們的言行時，無論對方是有意還是無心，我們都應將心比心地對他人少些苛求，多些理解和寬容。

而為了提升修養和品德，我們不妨對自己多設立一些要求，時刻提醒自己自律。只有做到寬以待人、克己忍讓，我們的人生道路才能越走越寬廣。

這樣做，就對了

多反省自己，少責備他人

當遇到問題時，責備別人是一件相對容易的事，因為將過錯推給他人，責任就不在自己身上了。其實，這種對自己過於寬容、對他人過於苛刻的行為其實就是不敢承認自己的缺點和失敗，也是缺乏信心的一種表現。這種時候，最應該做的還是適時地反省自己。你可以：

＊不要總看到他人的短處和自己的長處，相反地，要多看看自己的短處和別人的長處，如此才能截長補短，讓自己得到進步的機會。

＊當出現意料外的問題時，首先要問問自己：「這件事我應該承擔多少責任？」、「我該怎樣做才能挽回損失？」而不是：「都是他不好，把事情搞砸了！」、「這不關我的事，都是他的錯。」如此一來，我們永遠改正不了自己的不足。

 ## 提升自己的性格修養

平時就要有意識地培養自己寬廣的胸懷、為人大度和善的美德，並要能逐漸認知到：對他人要求過多，甚至苛責、傷害別人，自己也不會更愉快。與其如此，不如改善自己，讓自己變得寬容、自律一些，如此才更容易擁有和諧的人際關係，而這也是提升自控力的一種方式。你可以：

＊對別人所犯的一些無關緊要的錯誤，不妨大事化小，小事化無，甚至可以有意地裝裝糊塗。

＊冤家宜解不宜結。當你與他人出現矛盾時，應開誠布公、想方設法地與對方溝通，並且要能就事論事，不要將爭執擴大。

＊勇於自我批評，對自己多些要求，多點反思，以自己的真誠換取他人的理解。

免痛苦：想像完成能得的好處

一個人如果能夠控制自己的熱情、欲望和恐懼，那麼他就勝過國王。

——英國詩人　約翰·米爾頓（John Milton）

人生來都具有自控力，只是有些人天生強大，有些人天生弱小。相信大多數人都有過這樣的感受，也許你已經不想去細想自己究竟有多少事情是一拖再拖的了，當然，到最後你還是得硬著頭皮不得不做勇往直前的勇士。

也許你已經受夠自己的拖延，也嘗試過各種方法。無論是列清單，寫規劃，還是看有關拖延方面的心理學書，但是內心的煎熬還是無法逃避，只差沒去找心理醫生談談這個困擾已久的大問題，最後仍然還是力不從心、無法改正過來。

也許你總是自嘲自己是拖延症末期患者，所以初抱此書時就像是看到一劑救命良藥。但是凡寄希望於他人者，其實一開始就放棄了自我控制的權利與義務。來看看這些故事如何教導你怎麼做：

美國民權運動領袖馬丁·路德·金恩博士（Dr. Martin Luther King），曾在林肯紀念堂前發表著名演說「我有一個夢」，他說：「我夢想有一天，在喬治亞的紅山上，昔日奴隸的兒子與昔日奴隸主的兒子就坐在一起，共敘兄弟情誼。」如果你的夢想符合你內心熱切的渴望，而且你能確切地看到它實現的景象，它就能更容易成真。

就算你的目標不是種族和平，只是減重五公斤，你也應該在大腦裡

清楚地看到自己穿著小一號牛仔褲的樣子，讓你每次開冰箱偷吃宵夜的時候腦海裡就浮現這樣的畫面。如果你無法想像自己瘦下來的情景，那麼就代表你根本沒有足夠的意願去實現這個目標！

而日本的京瓷創辦人稻盛和夫（Inamori Kazuo）也十分相信目標具體化、實際化的力量，他在《我這樣改造命運》一書當中寫道，「只要是你能預先清楚想像得到的事情，就一定能成功。也就是說，看得到的就辦得到，看不到的就做不到。」

因此，當你面對慾望和衝動時，對內接受自我的想法，對外想像成功的景象或許能收到更好的效果。你可以遵循的步驟是：承認自己腦海中的慾望以及渴望某種事物的感覺，不要馬上轉移注意力或與之爭論，而是告訴自己這種想法雖然並不受你控制，但你可以「選擇」在行動上不予實踐，同時想像出達成後的景象。

大多數人一直存在著的誤區是：「每個人都有放縱自己的時候，不要對自己太過苛刻。」但是想像力卻是一反你往常的思考模式。

然而我們要學會想像成功之後的自己與未來，原諒自己因自控力缺失犯下的錯，將因此引發的壓力降到最低。某種程度上來說，其實這也避免了一種惡性循環的發生——過度後悔，以至於你做出更嚴重的放縱行為。

最後，不斷地提醒自己的目標為何、想像它、並提醒自己實現預先做出的承諾。

這樣做,就對了

想像失敗之後的悔恨

如果你很難下定決心,或者找不出具體目標,那麼也沒關係。

你只是需要換個角度思考,想想如果你沒有這麼做會遭遇到怎樣的未來?面對那些慘痛的結果、一事無成的未來,你現在還會想偷懶或者輕率放棄嗎?

想像成功之後你可以……

仔細想想,你現在是不是不知道自己為何而戰?這種時候你最需要的就是想像達成目標之後的自己可以做哪些之前不能做的事,如此就能產生讓你能持續努力的最大動力。

例如:如果瘦了十公斤,我就可以穿上那件一直很喜歡的漂亮洋裝;如果存到了幾萬塊,我就可以踏上期待已久的背包客行程了

將目標轉換成具體畫面

目標不僅要切合實際,最好還能將視覺轉化成為具體的畫面。目標能夠激發出意志力的關鍵在於,它必須和我們產生內在關聯,它必須是出自我們自己的選擇,而不是因為社會或家人的期待。

其次,你是否能在心中清楚描繪出它的景象,決定了你會從眾多目標之中選擇哪一個去追求,並持續努力。

例如作家馬克‧墨菲(Mark Murphy)曾舉例,把目標設為市場佔有率加倍,就不如蘋果(Apple)設定iPod的目標:「把一千首歌裝進去」來得更清楚實際。

記住，不要總為結果擔心

前美國心理學家協會主任威廉・迪恩（Sir William Patrick Deane）在他的小短文《放鬆之道》當中寫道：「現代人太緊張，太在乎結果，太焦躁不安了，這怎能說還有一種更好、更簡單的活法呢？」的確，在這個以結果決定成敗的時代，人們經常得為結果而擔心。

在一項針對每天工作時間超過八小時的人的調查報告，有65%的人表示自己是因為「職場競爭激烈，擔心自己丟掉工作」而超時工作，而近年的一項研究報告也顯示，得過奧斯卡金像獎的劇作家的休閒時間竟然比整天軋戲的演員還要短，這與他們為了達成目標而經常將自己置於緊張狀態是有關係的。

由於擔心未來的結果，很多人無法輕鬆地面對現在，所以心裡的弦總是繃得太緊，但這對於我們想要強化自控力的結果來說是沒有幫助的。想要放鬆，就必須拋下這種想法。

也就是說，如果有放鬆的機會，哪怕只是幾分鐘，都請你完全拋開心裡面的壓力、煩惱、以及一切的不愉快，讓自己暫時進入完全的放鬆狀態，這樣也將比你心事重重地躺在床上幾個小時來得更有效果。

你是拖延症患者嗎？

下列各題中，每道問題有4個選項，根據你的實際情況選出一個最適合的答案。　　　　　　　　　　將各題得分相加，算出總分。

1. 為了避免去處理棘手的問題，你會找各種理由和藉口拒絕？

Ⓐ·非常同意，我會經常這樣做。　　　　　　　　　　　　　　　　4分
Ⓑ·很同意，我有時會這樣做，但多少會覺得自責。　　　　　　　　3分
Ⓒ·不同意，畢竟遇到難題就應該及時解決。　　　　　　　　　　　2分
Ⓓ·很不同意，遇到難題就應該及時採取行動處理，而不是找藉口拖延。　1分

2. 為了完成困難的工作，對執行者施加壓力是必要的？

Ⓐ·非常同意，有壓力才會有動力。　　　　　　　　　　　　　　　4分
Ⓑ·很同意，有時適當的壓力可以讓執行者更用心。　　　　　　　　3分
Ⓒ·不同意，不能給予太大壓力，否則執行者會更容易拖延。　　　　2分
Ⓓ·很不同意，最好的辦法是與執行者共同尋找解決困難的方法。　　1分

3. 你經常會採取折衷的方法，以避免或延緩一些不愉快的事？

Ⓐ·非常同意，折衷才能避免矛盾發生。　　　　　　　　　　　　　4分
Ⓑ·很同意，有時我會先讓事情緩和下來再說。　　　　　　　　　　3分
Ⓒ·不同意，問題總要解決，光拖延是沒用的。　　　　　　　　　　2分
Ⓓ·很不同意，出現不愉快就應馬上解決，而不是逃避和拖延。　　　1分

4. 你認為自己遭遇了太多妨礙任務完成的干擾，所以導致任務不能及時完成？

Ⓐ·非常同意，我認為這是導致我拖延的主要原因。　　　　　　　　4分
Ⓑ·很同意，有時會遇到，但這些事不足以干擾我完成任務的進度。　3分
Ⓒ·不同意，即使遇到困難，我也盡量提醒自己別拖延，盡早完成。　2分
Ⓓ·很不同意，只要積極行動，任何妨礙都不足以使我無法完成工作。　1分

5. 當你被迫執行一項不愉快的任務時，你經常會避免直接了當地答覆？

Ⓐ·非常同意，我不想為此承擔太多責任。　　　　　　　　　　　　4分

B·很同意，有時我認為這樣做可能會更好。　　　　　　　　　3分

C·不同意，我還是覺得直接了當地答覆更好。　　　　　　　　2分

D·很不同意，我喜歡給予對方直接而乾脆的答覆。　　　　　　1分

6. 你對重要行動計劃的追蹤工作一般不會理會？

A·非常同意，我認為那根本不會影響計劃的實行。　　　　　　4分

B·很同意，不過有時也會注意一下。　　　　　　　　　　　　3分

C·不同意，還是會經常注意，希望能讓計劃更完美。　　　　　2分

D·很不同意，一個計劃的完成，追蹤工作必然不可少。　　　　1分

7. 你經常試圖讓別人去為管理者執行那些令人不愉快的工作？

A·非常同意，我不想得罪上司。　　　　　　　　　　　　　　4分

B·很同意，有時我覺得別人可能比我做得更好。　　　　　　　3分

C·不同意，我還是覺得自己的工作要自己完成比較好。　　　　2分

D·很不同意，是自己應該做的就要馬上行動，而不是推給別人。1分

8. 你經常將重要的會議和工作安排在下午處理，或者帶回家在夜晚或周末處理？

A·非常同意，我總是能拖就拖，實在拖不下去才硬著頭皮去做。4分

B·很同意，我有時會這樣。　　　　　　　　　　　　　　　　3分

C·不同意，我會盡量將工作在應該完成的時間和地點完成。　　2分

D·很不同意，有工作就應該及時完成。　　　　　　　　　　　1分

9. 你在過度疲勞（或者過度緊張、過度壓抑）時，經常感到無法處理眼前的困難任務？

A·非常同意，一定要好好休息才能繼續工作。　　　　　　　　4分

B·很同意，有時疲乏的身心會影響工作狀態。　　　　　　　　3分

C·不同意，即使很疲勞，我也能克制自己，盡量將任務完成。　2分

D·很不同意，即使過度疲勞，我還是能按時完成任務。　　　　1分

10. 在著手處理一件艱難的任務之前，你喜歡先整理桌子？

A·非常同意，我覺得它們會影響我的注意力。　　　　　　　　4分

B·很同意，有時一些小東西會分散注意力，我會清理。　　　　3分

C·不同意，這些小東西並不會過於干擾我。　　　　　　　　　2分

D‧很不同意，工作起來，我不會注意到桌子上的任何一件東西。　　　**1分**

測試結果：

20分以下：你還不算是嚴重拖延症患者，雖然偶爾也有想拖延的逃避想法，但若能盡快找出原因，就能及時阻擋下來，並將這樣的不良習慣重新鏟除乾淨。

21～30分：你屬於中度的拖延症患者，拖延可能已經成為你的一種工作和生活習慣，如影隨形，要改變是需要付出一些時間和耐力的，其中最重要的還是端自你的決心強大與否，是否真心想達成某些目標。

30分以上：你已經是一個重度的拖延症患者，得到了難以痊癒的拖延絕症，建議你務必要拿出決心認真審視自我，尋找最佳方法以有效改善自我控制能力。最好找到可以監督你的有力人選，同時找對方法對症下藥，如此你才有可能「重獲新生」。

Chapter

3

擺脫拖延症的各種練習

有效解決拖延

Happier

how to improve
your self-control.

忍耐是一帖利於所有痛苦的膏藥。

——西班牙小說家　德賽凡提斯

Miguel de Cervantes Saavedra

15

你知道造成拖延的因素有哪些？

人都會犯錯，在許多情況下，大多數人是由於欲望或興趣的引誘而犯錯的。

——英國哲學家　洛克（John Locke）

無論在工作上還是生活中，一定有些事是我們「很不想去做」的類型，而不想做的理由也許是這些事很困難、很有挑戰性、或者是因為你根本不認同這些事、或者因為這些事對你來說根本是微不足道的。所以在追求快樂與逃避痛苦的天性驅使之下，我們常會選擇逃避或者拖延來降低當下的痛苦與壓力。

但事實上，拖延既是我們完成夢想的無形殺手，也是我們邁向成功道路上最可怕的陋習之一。既然知道拖延有著這麼多的壞處，那麼為什麼還是有許多人存在著不同程度的拖延且不願去改變呢？導致拖延的原因究竟是什麼？我們到底該如何面對這些讓我們拖延的藉口？

心理學家認為：「從心理層面分析，人們沒有處理能力的自信是導致拖延行為的一個重要原因。」一些曾在工作上遭遇過重大失敗、失去自信的人，通常越容易產生逃避心理，他們認為自己的能力不夠，不能很好地完成任務，於是越拖越久。而且，他們常會以疲勞、狀態不好、時間不夠等藉口藉故拖延做事進度。

心理學家透過研究做出結論，這類型的人其實很在意別人怎麼看待

自己，當自己無法完成任務時，會希望他人認為是因為客觀事實，例如時間不夠、資源不足所造成的，而不是因為自己的能力不足。

此外，一些不夠積極上進的人，也很容易養成懶散拖延的習慣。他們經常覺得很多事都難以處理，因此喜歡找各種理由去推託，例如：別人不用做，為什麼我要做？即使心不甘情不願地做了，也不會願意立刻開始動工，只會拖拖拉拉，今天拖到明天，明天拖到後天。這樣的人，也會因為自控能力差而加入拖延大軍，導致最終一輩子一事無成。

還有一些人很特別，他們反而是對自己的能力太有自信，堅信自己在期限內一定能完成任務，因此做事時也不慌不忙、慢條斯理，但沒想到總要到最後才發現，事情並不是自己想像的那麼簡單，於是才手忙腳亂地開始趕工，這種時候才會後悔當初自己實在是太過自作聰明。

　　一家貿易公司的老闆要到美國出差，且需要在一個國際性的商務會議上發表演說。為此，他讓員工A負責草擬演講稿，讓員工B負責擬訂一份與美國公司談判的方案。

　　出差的那天早晨，各部門主管都來替老闆送行，有人問A：「你負責的文件寫好了嗎？」A睜著惺忪睡眼說道：「那不難，昨天我太累了撐不住，後來就睡了。反正我負責的文件是用英文寫的，老闆不是很懂英文，在飛機上不會檢查一遍。等他上飛機之後，我回公司把文件寫好，再寄mail去就行了。」

　　誰知道老闆到機場後的第一件事就問A：「你負責準備的那份文件演講稿呢？」A把他的想法告訴了老闆。老闆聞言，臉色大變地說：「怎麼能這樣呢？我原本打算利用坐飛機的時間跟同行的外籍顧問研究一下我們的講稿和數據，現在這樣只能白白浪費坐飛機的時間了！」A聽了臉色一片慘白。

　　到了美國之後，老闆與另一位顧問討論了B提交給他的談判方案，對

方表示此方案既周全又有針對性，甚至包括了對方的背景調查，還羅列了談判中可能會出現的問題和應對策略。B的方案大大地超過了老闆和眾人的期待，使得後來的談判也很順利。

於是，老闆出差回國後不久，便升職了員工B，然而員工A卻被調職了。

也就是說，任何一種原因導致的拖延，都可能給工作或生活上帶來極大負面的影響。如果你做事總是拖拖拉拉，久而久之就會變成「習慣性拖延」，做什麼事都喜歡「以後再說」，先以藉口來逃避壓力。

這樣的習慣會使你越來越懶惰，時間久了更會使你的自控力越來越糟，大腦也會變得反應緩慢、思考僵化，這必然會破壞你的思考力、創造力和競爭力，挫敗你的上進心。

曾有記者訪問一位法國知名的政治家：「您是憑藉著什麼使自己在政壇上獲得成功，同時還能承擔多項社會職務呢？」政治家回道：「我從不把今天能做的事情拖到明天，僅此而已。」

由此可以看出：凡事強迫自己立即行動，負責任，絕不拖延，即是訓練我們提升自控力的基本態度，也是一個成功者必備的條件。一旦知道事情的輕重緩急，就能在當下做出正確的抉擇與安排。

既然瞭解了導致拖延的原因，那麼我們該如何擺脫這惱人的拖延性格呢？

這樣做，就對了

建立事物「最後期限」的時間觀念

英國的海軍歷史學家諾斯寇特‧帕金森（C. Northcote Parkinson）

曾在其所著的《帕金森法則》（Parkinson's Law: and Other Studies in Administration）當中，寫下這樣一句話：「你有多少時間完成工作，工作就會自動變成需要那麼多的時間。」想一想，你是不是就是如此？

如果你有兩天的時間可以處理某件工作，那麼你就會花兩天的時間來完成它；然而如果你只有一個上午的時間來完成這個工作，你就會逼迫自己更有效率地趕在中午之前完成它。

所以，替自己設立一個「最後期限」的概念，嚴格規定自己目標完成的期限，可以有效幫助你遠離拖延、強化自控力。你可以：

＊ 做出一個假想，假設你現在只剩一年的生命，如此就可發現自己在精神上已經感到有些恐慌，將這樣的時間壓力轉為激勵你行動的力量。

＊ 如果一年對你來說還是不痛不癢，那麼就把時間縮短到半年（六個月），或者只剩一個月，讓自己緊張起來。因為每個人都無法得知自己的生命何時會結束，這樣的不確定感會使得我們以為自己所剩的時間不多了。雖然這也是事實，生命其實相當短暫，因此我們必須更應該隨時保持時間有限的心態，把握今天，珍惜當下，才能逼迫自己願意立刻去行動。

＊ 充分利用零碎時間：當你又想找藉口拖延時，可以把「我好累，明天再做吧！」改成「我好累，所以我要結束一個段落之後明天再繼續，明天就不會這麼累！」或者「我好累，所以我要趕快結束它，然後休息！」這樣就能順勢利用所謂的「藉口」製造出想趕快行動的力量。

＊ 當我們最終能夠在規定的時間內完成目標時，就要給自己一定的鼓勵，好好地肯定自己，讓自己能更有信心地去處理日後的任務。

務必進行儀式：消除周遭干擾

我們做任何一項工作時，都會需要我們有高度集中精神的時候。

例如，需要對複雜的數據進行統整、分析、或者繪製圖表；撰寫一份十萬火急的行銷企畫；臨時被告知準備隔天的一場研討會等等。不論你

要做的是什麼、要趕工的是什麼，這種時候都特別需要你靜下心來，不受干擾地將事情完成。

然而，我們可能很難有很長一段時間不被他人打擾，再加上如果你有拖延的習慣，自控力又低落，那麼可想而知在這些外在干擾之下，你要能成功完成一項工作，這更是難上加難。

雖然我們無法完全消除外在的干擾，但是我們可以將周遭的干擾降到最低，不讓自己的拖延有藉口找上門來。例如：

＊工作時，如果情況允許，你可以關掉Skype、關掉音樂、關掉手機，將一切能影響你工作效率的東西都關掉，讓自己全心全意地處理事務。

＊如果條件上允許，有個人辦公室的你，工作時可以關上門；只有獨立座位的你，不妨戴上耳塞，如此既能減少周遭的噪音干擾，又能防止同事在你專注時打擾你。

＊如果同事或客戶因各種理由來找你，而你剛好正在處理重要的工作的話，那麼不妨告訴他們：「我現在想先把這些事做完，不急的話，半小時後我再來處理好嗎？」

＊如果工作期間有私人電話打來，你可以在那之前就先將手機關機。如果擔心錯過重要的電話，那麼設定一個時間段，例如半小時或一小時後，將手機再開機做一個確認是否有來電的動作。

16

訂立你能達成的專注時間段

在研究過那些知名男女後，我發現，他們的成功是因為他們做手邊的事情時都用盡全力，以極度的熱忱努力不懈。

——美國前總統　哈瑞‧杜魯門（Harry S. Truman）

「拖延」兩個字，就代表著一條沒有終點的道路。拖延會給我們的生活、甚至人生帶來嚴重的「破壞」，以至於我們無法完成設定的目標。即使我們最終終於熬過並完成了目標，但這過程必然也浪費了不少時間、經歷了更多痛苦掙扎的時候。

習慣性拖延的人，很難去確定一個主要的大目標而不變動，因為他們得經常改變原本設定的目標，因為他們總是習慣不斷拖延。

但通常這樣的人設定的目標又總會模稜兩可，或者無視時間期限。例如，「這禮拜我得將這些事做完」或者「我準備在這幾個月學會一種樂器」。如果以這種方式訂下目標，那麼不如就別做了，因為到最後你只會「隨心所欲」的做，拖延必定也是意料中的事。

關於英國的浪漫主義文學奠基人之一的詩人塞繆爾‧柯勒律治（Samuel Taylor Coleridge），曾有過這樣關於他的小軼事，讀者朋友們不妨看看這樣的名人竟也有這種拖延問題。

人家說，除了鴉片成癮之外，柯勒律治的悲劇性缺陷就是拖延，甚至是一種病入膏肓的拖延，他的一生是在貧病交困的陰影下度過的。他會延遲作品的寫作以及承諾的履行，有時竟長達數年之久。

在他的詩篇之中最著名、至今仍在英國文學課堂上被廣泛學習的篇章，也都顯露出了他的性格拖延的證據。例如《忽必烈汗》（Kubla Khan）與《克里斯德蓓》（Christable，一首未完成的敘事長詩，他原計寫五部，卻只完成了兩部）。使得這兩部作品最終都以殘篇（即未完成的作品）的形式發表，而發表時距離他開始動筆已有二十年時間了。

雖然他的《老水手行》是完整的，但也推遲了五年才付印。拖延也給柯勒律治本人帶來了很糟的影響。他的家人朋友，甚至他自己，都注意到他有如此嚴重的拖延問題。他本人甚至將此描述成──「一種在我的道德本性中深入而遍佈的疾病……熱愛自由、樂於順其自然，這一切都是它的結果，而不是原因」。

他的好友湯瑪斯・德・昆西（Thomas De Quincey）和柯勒律治一樣有拖延傾向，而且也有著嚴重的毒癮。湯瑪斯曾在書中寫道：「如今，我已漸漸明瞭，過度的拖延是（或已經成為）柯勒律治日常生活的一個重要特色。認識他的人沒有誰會指望他遵守約定，儘管他的本意一如既往的真誠，但沒人會把他對未來的保證當一回事，那些邀請他聚餐或參加晚會的人，都會理所當然地為他叫一輛馬車，隨後親自前往或託人前去接他。至於信件，除非信封上的地址出自於女士之手，並引起他的好感，否則都會被他扔進一個抽屜，當成『廢信』處理，而且我猜，他幾乎連拆封都懶。」

柯勒律治為拖延所做的辯解也有些傳奇，據說，他的書信通常由道歉語句組成，有時甚至會綿綿不絕。

有一位不幸的出版商「提前」買下了柯勒律治一本詩集的版權，而柯勒律治在給這位出版商的信件之中聲稱：在他回憶自己吸食鴉片之後所做的夢境時，被『一個來自波洛克的人』打斷，就此不可恢復，無法寫出夢境中的場景了。

而這個夢境恰恰是《忽必烈汗》一詩的基礎，最終這首詩只寫了

五十四行，而非事先計劃的二百行至三百行。

　　作家莫莉·雷菲布勒也曾在《鴉片的束縛》一書中這樣描述這位英國詩人：「他的存在變成了一長串連綿不絕的拖延、藉口、謊言、人情債、墮落和失敗的不快經歷。」

　　同時，財務問題也充斥著柯勒律治的生活，儘管多數事情他都計劃周到，但卻很少去行動甚至完成它。此外，他的健康狀況也因此一塌糊塗，而鴉片成癮又加劇了健康的惡化，加上他又整整拖延了十年才去接受治療。

　　而日益逼近的截稿期限所帶給他的壓力，也使得了工作本身的樂趣消失殆盡，他曾說：「一想到我必須加快步伐，那麼寫作時最愜意的時光就會戛然而止。」

　　儘管也許只有最頑固的拖延者才會經歷像他這樣的悲慘生活，但是拖延必定會無情奪走你的時間、財富、健康和幸福，這卻是無庸置疑的。

　　擱著今天的事情不做，而留待明天的自己去做，這其實是一種弔詭不過的事情，因為，你能確定明天的你在精神力上更強大嗎？僅僅只需要一天，你最熟悉的自己就能改變嗎？任何人若只能將希望放在明天的自己，那麼必定只能不斷地重蹈覆轍。

　　而且，在拖延之中所耗費的時間與精力，其實就足以將你所擔心的事情做好，你只需要強迫自己面對現實罷了。

　　也許整理先前累積下來的事情，會使人感到非常不愉快，甚至厭煩，但這也都是自己造成的。就像是廚房的油污一樣，原本當天炒菜的油污當下就能擦掉，但累積了幾個月之後，便變得難以清除。當初不費吹灰之力就能輕鬆愉快做好的事，在拖延幾天、幾個禮拜之後，就會變成如此惹人厭與痛苦的狀態了。

既然如此，為什麼不在當時就順手去做呢？其實總歸一個字就是「懶」。

那麼，我們要怎麼做才能盡量達成在期限內完成任務呢？

多抓些預備時間以防計畫趕不上變化

準備完成一項工作或任務時，除了替自己設定一個截止日期，規定要在什麼時候完成之外，還有一些細節需要你特別注意。

否則，我們可能會花費比實際需要多上數倍的時間才能完成。這不僅不利於目標的進展，還會加重拖延病，不利於自控力的提升。可參考如下：

＊當你計算完成目標的時間時，要記得將目標之外的突發狀況都考慮進去，例如工作上可能突然被丟了一個急件要處理、客戶可能突然打來抱怨、老闆可能突然開了一個一小時的會議等等，若不抓充裕一點的時間段，便會因為受到打擾而delay到原先預設的進度，索性就開始拖延。

＊計算完成目標的期限時，也務必要將自己的休閒、陪家人朋友等的私人時間都規劃進去，因為你的私人活動跟工作是一樣重要的，若你長期荒廢私人時間，只為了去補足因拖延而delay的工作進度，那麼長期下來只會造成你的身體不適和與親友之間的感情疏離，那可是更得不償失、本末倒置的。

另一個好處是，你會因為期待私人時間的活動，而更努力在期限內完成既定的工作和任務。

＊你不妨隨身攜帶一個待完成任務的列表或記事本，當你有空閒時間時，便可以做一些有效的小規劃，或進行一些任務的修正，讓目標更容易

達成。

　＊記住，千萬不要在還沒開始規劃該完成的時間與該完成的任務之前，就開始毫無節制的放鬆，特別是明知接下來的任務有截止日期的情況之下。如果你不及早分配、控制時間，就很有可能趕不及截止日期。

設定專注十五分鐘，更有效率

　　當我們在工作中開始出現拖延情況時，不妨給自己設定一個短暫的專注時間，例如十分鐘、十五分鐘，端看你認為自己能夠短暫專注的時間有多長。

　　一旦設下了專注時間，就會像在玩遊戲一樣，心理上就會產生緊迫感，而能促使自己更加集中注意力以完成任務。

　　這種小方法很有效，由於是一種化整為零的作法，因此能夠不斷的重新操作。你可以這麼嘗試：

　　＊設定十五分鐘為一個專注時間段，在這十五分鐘之內，要自己必須專注於眼前的工作，不能受任何干擾，直到十五分鐘結束。

　　＊當達成一個十五分鐘專注時間段之後，可以略作休息，深呼吸、讓身心放鬆一下，然後再設定下一個十五分鐘的專注時間段。

　　＊如果十五分鐘的長度還是讓你感到困難，那麼你當然可以設定較短的時間段，例如十分鐘、五分鐘，如果在這個某個時間段你能專注，就再逐漸增加專注時間段的長度，找到最適合自己的專注時間是幾分鐘了。

　　＊當我們在專注時間段內被干擾或者無法繼續撐下去時，可以看一下剩餘時間，然後勉勵自己再堅持幾分鐘就結束了，從而訓練自控力，或多或少減少讓自己拖延的機會。

膩了嗎？還可以山不轉路轉

　　所謂「山不轉路轉」，就是指在完成目標的期限內，重新調整需要

處理的短期目標。

例如：原本在處理工作上較不熟悉的部分，但發現自己不斷地分神，此時便可以轉而處理自己較上手的部分，將自己不喜歡的部分延後完成，這樣最終仍然能達成整體目標，還能避免無端精力的耗費。

然而，需要注意的是，我們為了改變心情而優先處理的短期目標必須與我們的整體目標有關，不能是其他無關的目標。舉例來說：

＊如果必須要寫一份報告，在寫報告的過程中，你發現自己正開始偷懶拖延，這種時候不妨就做一些與首要工作（寫報告）相關的事情。

例如，報告中需要一份參考文獻的附錄，那麼當你寫報告內容「卡關」時，不妨就先放下主要內容，轉而整理一下附錄的參考文獻。

別為自己留下拖延的後路

任何一種精神和情緒上的緊張狀態，在完全放鬆之後就不可能再存在了。

——拿破侖・希爾（Napoleon Hill）

我們身邊的許多人（通常也包括我們自己），無論做任何事都習慣拖延的人總占了多數，習慣在行動之前先逃避一下，享受最後的自由。然而在休息片刻之後，卻又會想繼續「逃避」，直到最後期限將至，不是行動還沒開始，就是急急忙忙地展開。結果就是直接導致了劣質的行動與結果的失敗。

人稱「鐵娘子」的英國前首相柴契爾夫人（Baroness Thatcher）有一段名言廣為人知。

她曾說：「注意你的思想，它們會變為言語；注意你的言語，它們會變為行動；注意你的行動，它們會變為習慣；注意你的習慣，它們會變為性格；注意你的性格，它會變為你的命運。」

所謂的自控力，簡單來說，就是指一個人為完成某項目標而控制自己的情緒、約束自我言行的能力，它是一種可貴的意志力，是一個人能否掌握住自己命運的首要條件。

具備自控力的人，通常善於督促自己，無論何時何地都能明確知道自己該做什麼、不該做什麼，凡事有條不紊；而缺乏自控力的人，往往做不成大事，因為他們想到什麼就做什麼，也因此浪費許多寶貴的時間，結果還一事無成，因為他們各種事都只做了一半。

在現實中，缺乏自控力的人比比皆是，這類型的人通常整天上網滑手機、與朋友聊天，沈溺於瑣碎的、無關緊要的交流當中，或者找各種藉口拖延工作的進行……類似的情況在生活中天天發生，甚至如果哪一天你願意記錄下來自己一整天做了什麼事，就可能會驚訝地發現，原來自己一整天做的事遠比自己想像得少，甚至訝異為什麼自己一件小事可以做那麼久。

在市面上許多培訓課程和成功勵志的書籍當中，許多成功者都不吝於分享自身成功的秘訣，雖然我們也知道許多如何走向成功的捷徑，但弔詭的是，卻往往沒什麼人能夠做到。這是因為，最大的關鍵就在於我們缺乏的是強大的自控力。

「拖延」會使我們再渺小的計劃都將成為泡影，每個人都知道訂立計劃的好處與拖延會帶來的不利後果，但等到真要付諸行動時，卻總會替自己找各種理由，這都是人的惰性在作怪。

人生中充滿著各式各樣的選擇，同樣地，一樣米也養百種人。

當在你面前有數十種不同口味的冰淇淋時，你是否會產生難以抉擇的感覺呢？根據美國《個性與社會心理學雜誌》的報導：當我們面臨到太多的選擇時，就很自然地會導致注意力分散、自控力下降的狀況出現。

這項研究由明尼蘇達大學（University of Minnesota）的心理學家凱絲琳・沃斯（Kathleen Vohs）主持。在實驗中，研究員讓A組受試者挑選各種商品，例如T恤、蠟燭、洗髮精等等，並在規定的時間內要他們在其中選出三樣喜歡的物品；而B組則沒有選擇限制與數量限制，只要他們回答比較喜歡哪些商品就可以了。

接下來要求兩組受試者都喝難喝的混合飲料，例如加了醋的柳橙汁，結果B組明顯比A組喝的少。也就是說，研究人員分析，在沒有太多

選擇時，人們會變得更加理智，自控力更強，就像A組受試者能忍耐將混合飲料喝完，B組卻無法忍受一樣。

日後，研究人員又進行了一次大型調查，發現如果在一段時間內做出很多選擇，人們更容易出現自控力下降的問題，進而導致暴飲暴食、過度消費、情緒暴躁、辦事拖延、注意力不能集中等等問題。

也就是說，一旦選擇多了意味著機會變多，但要注意的是：在進行選擇之前，我們要能有意識地提高自控力、做對的判斷，以便在選擇時能更理智，不掉入「選擇多」帶來的心理陷阱當中。

其實，拖延就是縱容惰性，如果惰性形成了習慣，就會逐漸消磨人的意志，使你對自己越來越沒信心，懷疑自己的能力是否能達成目標，於是便陷入一種習慣拖延的負面循環。例如，認為自己還不具備做某件事的條件，因此不斷地推遲計劃，錯過機遇，結果延誤了許多的好時機；認為現在才開始已經來不及了，結果就這樣直接放棄；或者認為這件事是自己所厭惡的，無論怎樣都不想開始動工，寧願一拖再拖等等。

事實上，這些都不是我們「不能」完成某個目標的理由，只是我們「不想」完成而為自己找的藉口罷了。我們經常用「我還是再看看好了」來安慰自己現在還不急，最後自己再後悔、不甘心，這豈不是本末倒置的行動？

人的本質是儒弱的，從這點來說，拖延似乎是人類最「合乎本性」的弱點，也是缺乏自控力的一種明顯表現，但也由於它「合乎人情」，沒有太明顯的危害，才會在無形之中耽誤了人們許多事情，因而所帶來的困擾與問題反而比那些一看就惹人厭的陋習更為嚴重。

冷靜想想，你拖得了一時，也拖不了一世。今天你利用這個藉口逃避了，寄望明天的自己可以努力，但到了明天卻又故態復萌，於是一天過一天。在你逃避行動的同時，你也逃避了可以成功的機會。

 訂立計畫時，務必不留後路

有效的行動來自於有效的計劃，因此在制訂計劃時，不要給自己留後路，例如以「其實期限截止的隔天還可以補交」、「真的做不出來再想辦法」等藉口安慰自己。在制訂好計劃之後，唯一的選擇就是立即行動。

古時作戰，兵家講求的是「一鼓作氣」，而避免「再而衰，三而竭」。也就是說，拖延之後想再讓疲軟的心燃起鬥志是更困難的。

你可以：

＊每天早上思考今天的計劃為何，可以激勵我們開始排定行動，努力去達成任務。

＊給自己一個合理的完成期限，並要求自己在這個期限之內完成，你可以設下如果沒完成目標的話，要給自己什麼樣的懲罰，例如下班後回家不能看電視、這個月不能再買衣服等等，沒做到的話一定要落實懲罰，千萬不要就這樣原諒自己。

 進行任務時，先處理重點

我們通常會因為覺得某項任務太過困難、麻煩而開始逃避、不自覺地拖延起來。因此，你可以將任務分解為若干個容易執行的小步驟之後，再判別出輕重緩急的不同，從最重要的小步驟開始，你就能在進行的時候放寬心，不再覺得自己無法做到或者跟不上進度了，因為你確實有在進行，且也正在處理重要的部分。

 適當休息也是絕大重點

雖然本書一再提點讀者朋友們如何去實行不拖延的方法，但在克服

拖延壞習慣的的過程當中，必然也得學會適當地安排休息，如果對自己過於苛刻，那麼最後只會讓自己因為精疲力竭而「反撲自控力」，也就是造成直接放棄的結果，那麼達到預定目標的可能性反而更低了。

你可以：

＊每完成一個階段的小目標，獎勵自己一些時間放鬆，你可以發呆、睡覺，或者看幾頁自己喜歡的書。但需要注意的是：休息時間別拉得太長，人都有惰性，這樣會讓精神鬆懈下來，難以回到崗位繼續完成任務。

＊雖然我們應該積極行動，但在任何事上也不要將過多的任務都攬到自己手裡，將自己搞得筋疲力竭。你要學會將事情妥善分配，包括分配到下一個時間段或者可以幫忙分擔的人手裡，讓自己能夠得到一定的休息，如此才能更有效率地完成任務。

 ## 以一天為單位，只要改變就能成為習慣

一個人從早上起床到晚上就寢，都是靠著原本已養成的習慣過一整天。也就是說，習慣支配著我們一天的作息，如果是壞習慣，我們就會因此難以自拔，難以改變，往後的人生也將如同平凡的每一天一樣一成不變。

若要養成新的習慣，就不能讓這個新習慣的結果成為「沒什麼效果」的事。例如，決定今天要早點睡時，雖然很早就上了床躺著，但還是翻來覆去到平常入睡的時間才睡著，因此覺得一點用都沒有，於是變成了三分鐘熱度的「改變」，如此就是毫無自制力可言。

也因此，我們要讓改變從「簡單」開始，例如比平常早十分鐘上床睡覺、早半小時睡覺，從小小的改變開始養成習慣，而專家說若能將習慣持續二十一天，就能有效養成新習慣，這一點請務必嘗試。

18

除了環境，更要影響內心與大腦

人最重要的價值在於克制自己本能的衝動。

——英國詩人　塞繆爾·約翰遜（Samuel Johnson）

每當寒暑假結束，新學期開學的第一天，學校裡的老師總是會發現同學們一大早都認真地在埋頭寫作業，不過仔細一看，他們寫的卻是應該在寒暑假裡完成的作業。很顯然地，多數的學生都玩瘋了，以至於都將作業拖延到最後一天來趕工了。

拖延的養成，就是相信「明天」和「等一下」比「現在」更值得期待，在無止境的自我安慰中逃過一個又一個「現在」。殊不知，時間毫不留情地流逝，當你將今天應該完成的事情拖延到明天去做時，你可知道，這個「明天」卻是昨天已逝的人的最大奢望？

有這樣一個發人深省的故事：

在一個深夜裡，一個病危的病人迎來了他生命中的最後一分鐘，死神如期地來到他的身邊。

在這種時刻，他卻請求死神：「請再給我一分鐘，可以嗎？」死神困惑地問道：「你要這一分鐘做什麼呢？」

病人說：「我想用這一分鐘的時間，看一看天、看一看地；我想利

用這一分鐘的時間想一想我的家人和朋友。如果運氣好，我還能看到一朵綻放的花朵。」

　　然而死神卻說：「嗯，你的想法不錯，但我不能答應你。我曾經留給你足夠的時間，讓你去做這些事，但你卻沒有珍惜。現在，我給你看一下你的時間帳單。在六十年的生命中，你有三分之一的時間在睡覺；剩下的三十多年時間裡，你做事經常拖延；你感嘆時間過得太快的次數達到了一萬次；上學時，你拖延唸書、寫作業；成年之後，你抽菸、酗酒、玩樂，虛度光陰……」

　　「從年輕到老，你拖延的時間一共耗去了三萬六千五百個小時，合計一千五百二十一天；你做事經常有頭無尾，讓事情不斷重蹈覆轍，這合計浪費了三百多天；由於無所事事，你經常坐著發呆；你經常抱怨、責怪別人，做事找藉口、推卸責任；你常常利用上班時間跟朋友聊天，將工作丟在一旁；你參加了無數次沒用的會議，並常常在開會時昏睡，這使你的睡眠時間遠遠超過了二十年……」

　　死神的話還沒說完，病人便斷了氣。

　　死神見了嘆了口氣，說道：「如果你活著時能不這樣浪費時間，你就能聽完我幫你整理好的時間帳單了。真可惜，世人總是這樣，不用等到我動手，就自己先後悔死了。」

　　每個人的生命都是有限的，當拖延成為我們的一種習慣時，死神就會在不知不覺當中來臨。

　　你可以給自己無限的時間，但生命並不會給你無止盡的時間，正如詩人李商隱所吟誦的：「人間桑海朝朝變，莫遣佳期更後期」，意思是人世間的情況隨時都在變化，我們可不要讓好事情因錯過日期而延誤了。

　　人活著的目的在於設法得到歡樂、避免痛苦，但有時卻必須要暫時忍受眼前的挫折和不適，以期日後能得到更大、更好、更長久的利益和舒

適。例如，你想學習一技之長以改變現在生活，你就得要接受訓練、犧牲休閒時間。如果你中途放棄了，那麼幾年之後，你還是在做著自己不喜歡的工作，也仍舊無法得到你想要的新的工作機會，一切都無法改變。

事實上，拖延就是一種缺乏自控能力的外在表現，也是吞噬人們時間和生命的無形敵人。因此，想成功活出人生意義，就應該要積極戰勝偷走我們時間、自由與機會的「敵人」。

所以，當你開始出現拖延狀況，或者開始找偷懶的理由來為自己開脫罪名的時候，記得將你的「理由」找出來思考一下，看它是否真的能讓你問心無愧。

這樣做，就對了

堅持改變，先離開舒適圈！

舒適圈（Comfort zone）這個詞相信許多人都耳熟能詳，但是由於現在要加強的是自控力，那麼很多習慣都是你必須要能去改變的。

例如你習慣下班回家不出門；習慣和同一群朋友聚餐、出去玩；習慣只去同一家餐廳等等，若你能打破這些固定規則，例如拿看電視一半的時間好好做一頓健康的晚餐、主動參加社交場合認識新朋友，從許多小事情開始，你就能發現自己已經在改變，同時能感受到其中帶來的好處，讓你逐漸習慣自己在改變這件事，因為自控力到頭來也只是習慣的改變。

哪些壞習慣是有方法可以改變的？

在《經理人月刊》雜誌中，曾報導了十個在職場上最讓一般上班族與主管們頭痛的工作壞習慣。其中有：「拖拖拉拉」、「三分鐘熱度」、「容易分心」、「無法拒絕」、「負面思考」、「猶豫不決」、「亂發脾

氣」、「凡事一把抓」、「批評貶抑」和「只說不聽」。

這些習慣或許已經跟著我們二、三十年，也不會立刻影響我們的工作績效，但是如果放任這些壞習慣不管，卻有很大的可能使我們原地踏步，與升遷擦肩而過、與夢想無緣。因為這些壞習慣，正是阻擋你從A升級到A+的絆腳石。然而，它們都是與自控力息息相關的惡習！

改變，當然不會是件容易的事，但若能試著運用本書提供的技巧，至少能讓你的改變比較「容易」開始、你的改變比較「願意」開始。

除了環境，還要影響內心跟大腦

要改變人們的行為，除了可以改變環境之外，我們最好還可以去影響內心跟大腦。專家指出，有三個關鍵可以提升我們的自控力，分別是「理智」、「情感」、「環境」這三個重點。因為理智能夠指引我們更清楚的方向，情感可以讓我們產生強烈的動機，而環境則是當我們滿足了理智與情感這兩個條件之後，可以再加強力度的最後一股力量。

無論是要改變壞習慣、還是改變組織制度，其實大抵都必須利用這三者的力量。而這三個關鍵搭配之下所能產生的個人轉變，每個人一定都很熟悉。例如，老闆宣布：「如果每個人這個月的業績都能有所成長，那麼就每人發一筆獎金！（理智）」，於是大家奮力跑業務，沒有人敢偷懶（情感），有的人甚至關掉APP聊天軟體，好更專心工作（環境）……這三者若能搭配得當，便能成為我們改善自控力的有效訣竅。

19

創造強烈渴望，有效打破拖延

窮人只要有野心，就能成功；一間公司如果擁有更大的野心，就能在未來得到更大的發展。野心不僅改變一個人，更是能改變一個企業命運的巨大力量。

——法國媒體大亨　巴拉昂

一般來說，人的思考都是源自於某種心理力量的支持。一個惰性重的人，即使內心有什麼渴望，對他來說也像是飄浮的泡泡，因為即便有這種渴望，他也缺乏動力去思考實現這種渴望的可能性。

我們身邊有許多人，在陌生的城市裡打拼了幾年，或是在學校裡快快樂樂地度過了幾年，漸漸地，他們發現自己失去了熱情和目標。在生活中，除了無聊、煩悶、三餐不知道該吃什麼之外，似乎已經沒有其他選擇和夢想了。

即使看到別人達成夢想，自己也毫無感覺。明明幾年前還會想著要怎麼達成自己的夢想和目標，但現在卻像是什麼感覺都消失了。每天如往常的工作著，卻失去熱情，甚至做事拖拖拉拉，即便是想學習，但卻連十分鐘都靜不下來。這種缺乏渴望、熱情的狀態，也是導致自控力低落的一種具體表現。

也許這類型的人也很想「動起來」，為自己的目標再努力一次，但卻無法控制自己拖延、懶惰的長久習慣。而這種「無夢狀態」對我們產生的最大壞處，就是讓我們忘掉那些原本真正應該做的、想做的事情。

　　巴拉昂是法國一位年輕的媒體大亨，以推銷肖像畫起家，在不到十年的時間裡，迅速躋身於法國五十大富翁之列，也於一九九八年因前列腺癌去世於博比尼醫院。臨終之前，他留下了遺囑，表示將把他的四點六億法郎的股份捐獻給博比尼醫院，用於前列腺癌的研究；另有一百萬法郎作為獎金，獎勵給揭開貧窮之謎的人。

　　巴拉昂去世之後，法國的《科西嘉人報》刊登了他的一份遺囑。

　　巴拉昂說：「我曾是一個窮人，然而去世時卻是以一個富人的身分走進天堂。在踏入天堂的門檻之前，我不想將我成為富人的秘訣帶走，現在秘訣就鎖在我法蘭西中央銀行的一個私人保險箱內，保險箱的三把鑰匙分別在我的律師和兩位代理人手中，誰若能回答窮人最缺少的是什麼，猜中我的秘訣，那麼他將能得到我的祝賀。當然，那時我已無法從墓穴中伸出雙手為他的睿智歡呼，但是他還是可以從那個保險箱裡榮幸地拿走一百萬法郎，那就是我給予他的掌聲。」

　　當遺囑刊出之後，《科西嘉人報》收到了近五萬封的信件，有的人罵巴拉昂瘋了，有的人說《科西嘉人報》是為了提升發行量在特意炒作，但是多數人還是寄去了自己的答案。

　　絕大部分的人都認為，窮人最缺少的當然是錢，窮人還能缺少什麼？當然是金錢了，有了錢，就不再是窮人了。而一部分人認為，窮人缺少的是機會，他們認為一些人之所以窮，就是因為沒遇上好時機，在股票飆漲前沒能買進，在股票飆漲後沒有拋出，總之，窮人都窮在時運不濟之上。

　　然而，也有另一部分人認為，窮人最缺少的是技能，因為多數能迅速致富的人都是有一技之長的人，一些人之所以成為窮人，就是因為學無所長。甚至有些人認為，窮人最缺少的是幫助與關愛，因為每個黨派在上臺前都給了失業者大量的承諾，然而上臺之後真正還愛他們的又有幾個？

此外，還有一些特別的答案，例如，窮人最缺少的是美貌、是皮爾‧卡登的外套、是《科西嘉人報》、是總統的職位、是沙托魯城生產的銅夜壺等等，總之五花八門，要什麼還真有什麼。

在巴拉昂逝世的周年紀念日裡，律師和代理人依照巴拉昂生前的交代，在公證部門的監視之下打開了那個保險箱，在雪花般的來信當中，竟真的有一個名叫蒂勒的女孩猜對了巴拉昂的祕訣。

蒂勒和巴拉昂都認為窮人最缺少的是野心，即是成為富人的渴望。在頒獎之日時，《科西嘉人報》帶著所有人的好奇，訪問年僅九歲的蒂勒，為什麼想得到是野心時，她說：「每次，我姐姐帶她十一歲的男朋友回家時，總是告訴我人不要有野心！不要有野心！但我想，也許野心可以讓我們得到自己想要的東西。」

巴拉昂的謎底和蒂勒的問答見報之後，引起了不小的騷動，這種騷動甚至波及英美。近年來，一些好萊塢影星和其他行業的年輕富豪接受訪問時，也都曾毫不掩飾地承認──「野心是所有奇蹟的起點」，例如 Lady Gaga 就曾如此說道。

這也告訴我們，想要成功地去做任何事，就必須擁有強大的渴望與熱情，並願意為之努力、積極行動，這也是一般人想快速改善自控力的最大助力。

凡是有夢想、有能耐的人，都會對自己的目標充滿野心，立刻動手去做，這就是一股誰都擋不住的力量。

我們因為對一件事情充滿著渴望和興趣才去行動，與毫無渴望與興趣，再去行動，這兩者的差異度跟難易度是完全不可比擬的。因為當你充滿了熱情時，做事是一種享受；當熱情消退時，做事就會是一種煎熬。

這樣做，就對了

將渴望的人事物擺在眼前

　　為了使自己能夠下定決心，讓內心裡的熱情不消退，你可以將內心渴望的人事物擺在周遭，讓自己時時都能看到，激起自己的渴望。

　　如果你對於如何使自己臃腫的身材瘦下來十分苦惱，那麼你就可以將自己夢想中的身材，例如某位女星的泳裝海報貼在牆上，或者購買自己一直想穿卻穿不下的美麗洋裝，吊掛在經常可以看到的地方，如此就能不斷勾起你的渴望，使你時時刻刻能為了夢想繼續奮戰。

渴望＋自我激勵＝無敵

　　美國作家馬克吐溫（Mark Twain）說：「恰當的用字極具威力，每當我們用對了字，我們的精神和肉體都會有很大的轉變，就像在電光石火之間……」在增強自控力時，如果我們善於運用積極的言語、動作，就能讓大腦產生振奮、樂觀、充滿活力的正面情緒，讓你能認真到最後。你可以：

　　＊告訴自己：「我下個月就可以穿上這件漂亮洋裝了！」、「再兩個禮拜就又能瘦五公斤了！」、「我這麼努力一定沒問題！」等等，當這些積極的言語暗示發揮作用時，你的身心就能漸漸地平靜下來。

　　＊用筆寫下來：當你開始產生正面情緒時，就可以用筆將那些內容寫下來，貼在你隨時都能看到的地方。一看到這些句子，你就能更強烈地感受到自己當初的衝勁，你也能更積極主動地展開行動。

放下完美主義，做事反而比較快

　　有時，由於內在追求完美的心理作祟，使得我們通常還在進行時，

就已經在修改各種「看不順眼」的問題了，導致最後結果就是我們陷入不斷修改的泥沼裡無法脫身，雖然很早就開始進行了，但最終還是無法及時達成。

事實上，任何人在過程當中都可能會有不夠完美的時候，如果你總是擔心事情做得不夠好，那麼最後期限就會引起你的焦慮。你可以這樣做：

＊給目標制訂一個較低的標準，讓自己比較容易達到，從而增強能繼續努力下去的成就感。

＊逐漸增加完成目標的難度，但要保證每次都能按時完成。

＊如果不能按時完成，要找出原因，是否自己的完美主義又開始作祟，並挑出重點來處理，暫且放下細節。

 放心，別理他人閒言閒語

當你正在奮力為自己的目標努力時，也許會有些看好戲、壞心眼的人對你潑冷水，但你要記得的是，這是你自己的人生、這是你自己的選擇，不要讓其他人主導你的心情。

心胸寬廣的人往往會對人生抱持著一種積極向上的想法，可以嫻熟地駕馭自己的心情，不理會外界對他的評價。也就是說，你當然可以聽建議，但卻不一定要那麼做。

相反地，如果一個人每天都為他人的意見所困擾，動不動因為他人的刺激而反應激烈，那又怎麼能說是在強化自控力呢？

不拖延的絕招就是立即行動

千萬不要把今天能做的事留到明天。

——美國革命領導人　班傑明‧富蘭克林（Benjamin Franklin）

根據心理學家統計，每個人每天大約會產生五萬個想法（很多吧？）這背後的意義就代表著，如果你本人擁有積極的態度，那麼你就能樂觀、富有創造力地將這五萬個想法以正面的行動力向前衝；相反地，如果你是態度消極的人，你就會顯得悲觀、軟弱、缺乏動力，就會將這五萬個想法較變成你行動的阻力。

仔細思考，這五萬個想法的量，真的值得你用負面的情緒去浪費嗎？

也許有人會說，在「適當」的時候，拖延一下也是有好處的。例如，在疲倦、沮喪或者生氣時，中斷工作比勉強自己繼續的效果要來得好，這樣反而能更好地處理之後該繼續做的事。

事實上，每個人的情況都不同，但只有你最瞭解你自己。你知道自己需要休息才有可能轉換心情，重新回到工作崗位；或者你知道自己不能因此休息，因為你會開始懶散。在「適當」的時候休息與否，完全操之在你自己。

只是，我們說的不拖延的絕招便是——「沒有理由地立即行動」。即便是你覺得現在心情很差，你也不該就此放縱自己，這就是拒絕讓自己撒嬌的關鍵。

想想那些優秀的人也不會因此為自己想拖延的心態找藉口，他們明

瞭在此時此刻究竟什麼事最重要，這也是有效訓練自控力的方法之一。

二○○四年四月五日，《商業周刊》（BusinessWeek）評出五十家標準普爾（Standard & Poor's）表現最佳的公司，艾克森美孚公司（Exxon Mobil）排名第二十三位，並在美國《財星》雜誌所評出的財星世界五百強企業（Fortune Global 500）當中排名第二。

二○○三年時，艾克森美孚公司的利潤為二百一十五億美元，比二○○二年增長了91%。

在這家公司管理者的辦公室當中，幾乎都懸掛著一個數字電子白板，上面寫著這樣的一段話：「決不拖延！如果我拖延下去，我將會？如果把工作拖到之後再去做，那麼會發生什麼事？」、「決不拖延！」是這家公司員工重要的企業準則之一。

公司的負責人對此說明：「不拖延，我們就可以輕鬆愉快地生活和娛樂。而避免拖延的唯一方法，就是隨時開始行動。沒有人會為我們承擔拖延的損失，拖延的後果只能由我們自己去承擔。如果依賴彼此的合作，我們就可能在一個龐大的公司裡，創造出每一個員工都不拖延半秒鐘時間的奇蹟。」

雖然我們經常因為拖延各種重要的事，在事後懊悔不已，但等到下一次的到來，我們又會慣性地逃避下去。久而久之，我們認為這是人的一種不可改變的本性。

然而，這看似是人性，其實卻是我們自己平時對自己養成的一種阻礙行動，就是一種惡習。

如前述，設立好的目標、短程目標、自我鼓勵等等的方法固然重要，都可以有效地輔助我們改善自控力，但比這些都重要的還是「行動」。因為即便你再有方法、再有想法，卻不去執行，都只會讓計劃變成

一場空。只有訂立出計劃並徹底地貫徹在行動上，才能增強我們的執行力。

記住：計畫要多少就有多少，只有能付諸行動才是最可貴的！沒有行動，再美的空中花園也只是虛幻的一場空。

因此，要想順利地完成自己所設立的各個目標，就要要求自己當一個「行動主義者」，凡事當下就去做。因為每一天我們都有當天該做的事，今天的事是新鮮的，跟昨天的事不同，而明天也自有明天的事。

也因此，我們應該養成及時行動的習慣，每個人在生命中都有許多美好的憧憬，如果你能抓住憧憬、實現理想，那麼，當你走到生命的盡頭時，也就能感到不枉此生了。

那麼，要如何才能做到立即行動，使得「今日事能今日畢」呢？

 不重要的工作就在零碎時間解決

有時候，當我們覺得某項工作並不重要時，處理起來就容易拖拉。若經常這樣做事，養成習慣，久而久之，我們的自控力就會越來越差，甚至連重要的事情都可能開始受到波及而拖延。

因此，在每一個行動開始之前，都安排重要的工作先做，即使是你覺得較不重要的工作，因為那多半也不難，你就可以在零碎的時間裡解決，同時這還可以轉換你的工作氣氛，「輕鬆一下」。總之，不管重要不重要，這總是你該做的事。

＊如果覺得眼前的工作不是太急、太重要，就思考一下該如何將它排入空檔裡，不要因此拖延去做或者因此讓自己不小心遺忘了。

＊決定順序之後，訂立一個完成期限，給自己施壓，或者告知你的同

事、主管,讓身邊的人知道你正在處理這件事,讓他們能監督你如期完成。

＊有些工作的確需要做,你也有能力完成,但由於某些客觀因素,你無法同時處理太多事,在職場上這時候不妨詢問上司,說明手邊的工作有哪些,將難以配合時間的工作分配出去。

 ## 投入100% 的專注力和熱情

確定某項任務的期限,並非就意味著你一定能完成,此時我們還需要一個最重要的動力去持續加強力度,那就是你發自內心的熱情,以及當下你全心投入的持續行動。

所有任務的成功都來自於我們意志力的吸引,如果你能養成帶著高度集中的意志力投入到任務中的習慣,就能使之成為一個好的循環。你可以:

＊用**100%**的專注力完成當日或固定時間內需完成的任務,試著全力衝刺一次,看看自己的極限在哪裡。

＊即使在過程當中遇到阻礙、「卡關了」,也不要因挫折而影響進度,只有持續前進才是重點。

＊當你發現自己開始有些疲累時,記得讓自己休息一下,但別超過十分鐘。

 ## 經常反思和改善自己的做法

經常對自己進行的過程進行反思、總結出更多有利的經驗,就能在日後的行動上做修正,並且瞭解自己每一步行動的重點在哪裡。

而反思應該要成為一個持續的過程,並非偶爾為之,因為只有這樣,我們才能在提升自控力的這條道路上看到更好的成果。

＊在完成任務的過程中,不妨經常問問自己:「如果我當那樣做,是

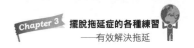

否會有更好的結果？」

　＊經常思考，如果沒這麼做，那麼最糟糕的結果會是什麼？當你內心浮現出答案的時候，你就會知道自己該怎麼做，同時能瞭解結果並不像你想得那麼可怕或者無法接受。

　＊經常思考，我們的完成與否，將給他人帶來什麼好處或壞處？是否會給他人添麻煩？很多時候，我們都認為自己的目標只跟自己有關，其實不然，有時候你也需要他人的幫助，或者需要去幫助他人才能完成目標。

21

免痛苦：不間斷的自我暗示

有百折不撓的信念支持著的人，他們的意志比那些似乎無敵的物質力量有著更強大的威力。

——德國近代物理學家　愛因斯坦（Albert Einstein）

說到自控力，就不能不提「自我暗示」，自我暗示的運用範圍非常廣，而且的確具有能改變我們原先狀態的力量，使我們能獲得全新的感受。但是多數人運用自我暗示的效果卻不明顯，這並不奇怪，之所以會產生這樣的結果，是因為他們疏忽了自我暗示需要滿足的一個重要的條件，那就是：「連續的暗示」和「完全的投入」。

心理的調節並不是一蹴可幾，它需要經過一段連續且極度渴望改變的暗示過程，才能將原有的心理反應轉入到一個期望的軌道當中，並讓我們樂於接受、肯定那些所想像的事實，使得暗示能發揮有效作用，在提升自控力的層面上，暗示也能「啟動」非常大的力量。

網壇明星伊萬·倫德爾（Ivan Lendl），曾在與名將約翰·麥肯羅（John Patrick McEnroe）交鋒的過程當中，多次失敗而歸。久而久之，倫德爾的心裡就對和麥克羅比賽的這件事產生了恐懼。

為了克服這個心理問題，倫德爾的心理醫生建議他，每天都要在本子上重複寫一句話：「我期望和麥肯羅比賽」、「我期望和麥肯羅比賽」，透過這種連續的自我暗示來重新培養信心和勇氣，並幫助倫德爾消除恐懼心理。

　　而無獨有偶地，美國一位著名的拳王在每次接受採訪之後，都會重複一句話：「I'm the best！」（我是最好的！），每次都不忘重複告訴自己這句話，這就保持了自我暗示的連續性。

　　除此之外，據《科學人》雜誌指出，將運動的動作加以「視覺化」，可以提高動作的完美程度，此種做法在一九七〇年代大為流行，而網球選手是最早採用這個方法的運動員之一。

　　例如，一位網球選手靜靜站在場中，他閉上眼睛，想像自己擊中球，並在腦中這樣告訴自己：「我的球拍是手臂的延伸，我全身充滿力量，同時輕鬆自如。我享受每個飛過來的球，球場非常寬闊，我很確定下一擊可以把球送到對手場上的任何角落。」

　　而目前任職於美國克萊蒙研究大學（Claremont Graduate University）的心理學家契克森米哈賴（Mihaly Csikszentmihalyi）在一九七五年創造了「神馳」（flow）一詞來描述這種感覺：對自己的行動充滿信心、察覺不到令人分心的事物、陶醉於整個經驗之中，這將可以讓選手的成功率提高不少。

　　運動員經常會用到這種連續性的自我暗示來調整精神狀態，以不斷增強自己的信心和動力，達到最佳備戰狀態及絕佳的專注力。

　　為什麼連續的自我暗示這麼重要呢？我們可以從日常生活中得到答案。例如，電視常會不斷重複播出同一支廣告，使我們對它留下印象。這雖然不是一種自我暗示，但是卻像我們說明的道理：重複接受一種事物，它就會逐漸走進我們的大腦和心裡，形成我們潛意識中的一部分。

　　越是重複、連續性地接受，就會對其越印象深刻，自控力也是如此，需要你養成固定習慣。

　　俗話說：「書讀百遍，其義自見」。當我們進行連續性的自我暗示時，即便剛開始我們並不能投入這種想像狀態，但時間一久，也就能慢慢

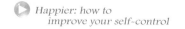

接受，甚至感覺到自己已經融入其中。

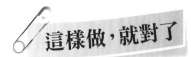

美式60秒PR暗示法

美國人經常會做一種被稱為「六十秒PR法」的家庭生活遊戲，這是指每天花費六十秒的時間，大聲說出自己的能力和優點，以幫助自己增加自信。而這也是運用了連續且積極的自我暗示法，對於增強自控力有一定的幫助。

即便我們不能像外國人那樣，習慣大聲地說出自己的優點，但是只要我們的自我暗示是連續性的，就能使自己始終處在一個期盼和想像的場景，我們就能受此推動，使自己朝著想像的方向靠近。

自我暗示的練習

每天早上和晚上分別抽出一些時間來進行自我暗示，我們可以事先寫下一些鼓勵和肯定自己的句子，並從中選擇出順口且能給自己帶來更多動力的句子，日後固定下來，並進行強化練習。我們可以對自己說：

▲我正在進行非常有效的自控力訓練，我能因此。

▲我是最勇敢、最樂觀、最有自信的人。

▲我的學習能力很強。

▲我要馬上行動。

連續進行自我暗示，讓它們在你的腦海裡根深蒂固，形成一種固有的思維模式和心態。如此即便你遭遇困難或是身處逆境，你也不會輕易地被現實擊倒，而是自然而然地以自己平時的思維思考，如此就會以積極的行動來使自己儘快擺脫「卡關」或拖延困境了。

條件：需具備約束力及完全投入

俗話說：「凡事起頭難。」任何事都是一個由小到大、由少積多的過程。只要我們持之以恆，堅持下去，自我暗示一定能成為我們掌握自控力的得力助手。

其實自控力並不難，學生全神貫注地聽課、考試，是一種自控力，歌手深情地唱歌，也是一種自控力。

自控力是一種狀態，它可以啟發我們的潛能，使我們做得更好。成功的人往往不是有什麼不同凡響之處，而是在於他們擁有強大的自控力，能夠毫無保留地勇往直前的緣故。

 ## 讓你最快速投入的方法是？

如何讓自己更快地找回專注力呢？一個最簡單的問題，就能幫助你輕鬆投入其中。

為什麼戀愛中的人常常不顧一切，甚至為了愛奔走四方，即使多人勸阻也誓言不回頭呢？這是因為他們過於投入、過於沉醉於戀愛之中。可見投入的關鍵是，你是否能將自己置身於環境當中，以達到忘我的地步。

很多人都無法做到「完全投入當下」，這是因為他們被外界的嘈雜所干擾，焦躁不安，即便進行再積極的自我暗示，心裡還是會不時地想起工作、生活上的煩心事，這樣怎麼可能會有好的效果呢？

在自我暗示時完全投入，將一切雜念統統拋開，用美好、積極的想像為自己營造一個全新的世界，並盡可能地放大自己的感受，讓自己沉浸在其中。如此你才能真正從中獲得專注的力量，讓積極和美好的感受滲透你的全身，給予自己能持續去改變現實的動力。

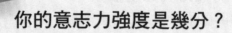

你的意志力強度是幾分？

下列各題中，每道問題有4個選項，根據你的實際情況選出一個最適合的答案。　　　　　　　　　　　將各題得分相加，算出總分。

1. 如果要你在一張白紙上畫圖，你會先畫？

Ⓐ· 地上的花草　　　　　　　　　　　　　　　　　　　　**2分**
Ⓑ· 天上的太陽　　　　　　　　　　　　　　　　　　　　**1分**
Ⓒ· 先畫出一條地平線　　　　　　　　　　　　　　　　　**3分**
Ⓓ· 先在圖畫紙的四周畫出框線　　　　　　　　　　　　　**4分**

2. 接著，你會從紙的哪個部分開始畫？

Ⓐ· 從畫紙的下半部　　　　　　　　　　　　　　　　　　**3分**
Ⓑ· 從畫紙的上半部　　　　　　　　　　　　　　　　　　**2分**
Ⓒ· 從角落的部分　　　　　　　　　　　　　　　　　　　**4分**
Ⓓ· 從畫紙的中央　　　　　　　　　　　　　　　　　　　**1分**

3. 如果要在紙上畫人物，你會畫幾個人？

Ⓐ· 很多人　　　　　　　　　　　　　　　　　　　　　　**4分**
Ⓑ· 兩個人　　　　　　　　　　　　　　　　　　　　　　**3分**
Ⓒ· 一個人　　　　　　　　　　　　　　　　　　　　　　**1分**
Ⓓ· 三個人　　　　　　　　　　　　　　　　　　　　　　**2分**

4. 如果畫的主題是「在海邊」，你會偏好畫哪一種情境？

Ⓐ· 在海邊，看見有人在放風箏　　　　　　　　　　　　　**2分**
Ⓑ· 在海邊，看見有人在沙灘撿貝殼　　　　　　　　　　　**4分**
Ⓒ· 在海邊，看見四處飛翔的海鷗　　　　　　　　　　　　**1分**
Ⓓ· 在海邊，看見一對情侶在散步　　　　　　　　　　　　**3分**

5. 你將畫好的圖給親友看，你認為他們會有怎樣的反應？

Ⓐ· 誇獎你畫得很好，會問你如何做到的　　　　　　　　　**1分**
Ⓑ· 誇獎你畫得很好，相信你下次會畫得更好　　　　　　　**4分**

C・誇獎你畫得很好，建議你下次可以畫別的主題　　　　　2分

D・誇獎你畫得很好，建議你也可以參考知名畫家的畫風　　　3分

測試結果：

17～20分： 你的意志力異常薄弱，別人的意見對你而言，總是非常地有影響力，即使是生活中的一件小事情，只要身邊有人提出不同的意見，就會令你在當你開始猶豫起來，對自己原先的看法產生極大的動搖。

13～16分： 你的堅定意志力比較會展現在日常生活的小事當中，例如外表、打扮，但是一旦面對重大的狀況時，例如買房子、換工作等等，你就不是很有自信心，而會受到親近的人影響。遇到這一類狀況，你就會希望身邊有個強而有力的人給你依靠和意見。

9～12分： 你很想展現自己的意志力，但是周遭總是有許多的壓制力量，使你經常要放棄自己的主見來配合他人的看法。這樣的妥協，若是繼續下去，就會掩蓋你了你生命的光芒，因此，還是盡早學習如何適當地堅持自己的主張吧！

5～8分： 你的個人主觀過強，很有自己的見地，有時明知別人的看法更高明，卻仍會執拗地以「雖千萬人吾往矣」的氣魄向前衝。這樣的意志力雖然令人佩服，不過也要懂得懸崖勒馬，才能避免自己造成的遺憾發生。

Chapter

4

別 成 為 無 常 情 緒 的 奴 隸

情緒也需自控

Happier

how to improve
your self-control.

永不抱怨的人生態度才是第一位的。

——淘寶網創始人　馬雲

學不會忍讓，先別談自制

人格成熟的重要標誌就是寬容、忍讓、和善。

——美國人際關係學大師　戴爾‧卡內基（Dale Carnegie）

情緒，也是心情、心境，是身體對行為在反應上的評價，例如喜怒哀樂。情緒越強，例如喜悅時會手舞足蹈，憤怒時會咬牙切齒等等，都是情緒在身體動作上產生的反應。

每個人都不喜歡壞情緒的到來，但壞情緒卻不會因此遠離我們，它會時刻出現，影響我們的生活和工作，挑戰我們的情緒自控力。

美國密西根大學的心理學家南迪‧內森（Nandi Nelson）曾說，一般人的一生中平均有十分之三的時間是處於情緒不佳的狀態，每個人都無可避免地要與負面情緒做長久的對抗。但是，壞情緒真的那麼糟、那麼可怕嗎？事實上，大自然裡不會有一棵樹是永遠開花的，人類當然也不可能有誰是永遠積極向上、樂觀陽光的。

相反地，如果我們能夠坦然地感受、接納這些壞情緒，並耐心地疏導這些負面情緒，那麼這些情緒本身也可以訓練我們的自控力成長。

若你在矛盾面前始終學不會忍讓，就總會被事情所牽累，你既無法成熟，也就更提不上要如何加強自制力，畢竟，你連自己的情緒都控制不了，因為一個人只有學會忍讓他人的不恭和錯誤，試著去寬容和原諒他人的傷害，那麼才稱得上擁有真正成熟的自控力。

　　有一個婦人，在和朋友及鄰居的相處之中，她總是很容易為一些小事而生氣，為此，她和所有人的關係都不太好。她曾說，她一點也不快樂。

　　有一次，她跟學生時代的老朋友傾訴了滿腹委屈，而朋友聽完後，建議她去找一位南山廟裡的得道高僧談談，婦人答應了。一天，她到了廟裡，見到了那位老和尚，就請教他：「師父啊，我老是在生氣，你能告訴我為什麼嗎？」老和尚聽了，笑了笑，接著帶她走到柴房的門口。她覺得很疑惑，但還是硬著頭皮走了進去。

　　她才剛踏進去，老和尚就用鎖將柴門鎖了起來，便轉身走了。

　　她一發現自己莫名其妙被鎖在柴房裡，便破口大罵：「師父啊！你幹嘛把我關在裡面啊？快放我出去！你這個死和尚……」但是任憑她如何叫喊，老和尚都不開門，只是在遠處坐著。

　　過了一段時間，婦人總算是安靜下來了。

　　這時老和尚開了門，問她：「妳還生氣嗎？」，她便回答：「我是在生自己的氣！氣自己為什麼要來這裡受這種罪！」

　　老和尚聽了，只說道：「連自己都不能原諒的人，要如何去原諒別人？」便拂袖而去。

　　又過了一段時間，老和尚又回來問她：「妳還生氣嗎？」，她便回答：「沒有，不生氣了。」

　　「為什麼呢？」老和尚問。「生氣也沒有辦法啊……」婦人無奈地說。

　　老和尚便平淡地說道：「妳的氣還沒有真正消失，還在心裡，爆發的話一樣會很強烈。」接著又離開了。

　　過了一段時間，老和尚第三次來到柴門邊，婦人一看到他就立刻說：「我現在不生氣了，因為這些不值得氣了。」

　　「不值得？那看來妳心裡還在衡量，還是有氣根的。」老和尚笑

了。

　「師父，那到底什麼是氣呢？」婦人無奈地問道。

　老和尚聽了，便將手中的熱茶潑灑在地上。婦人看了，半晌一語不發，接著便向老和尚道謝，安靜地離去了。

　　印度著名的哲學家克里希那穆提（Krishnamurti）曾說：「一切問題都源於我們拒絕接受真相。」因為拒絕接受真相，我們刻意朝相反的方向走，當我們這樣做，便會陷入泥沼之中。然而如果我們坦然接受自己的情緒，接受「不完美的自己」，那麼就能從負面情緒當中成長，讓自己重生，更有動力前進。

　　由此可見，人的情緒不是取決於遭遇，而是取決於我們對遭遇的感受和回應、取決於我們看待問題的心態、取決於我們的思考方式，這就是為什麼每個人在面臨到同一個問題時會有不同的反應的緣故。

　　談到忍讓，那麼氣是什麼呢？氣其實就是別人在驕陽之下潑出的滾燙的水，如果你硬是要將這口水喝了，那難保不會燙傷嘴但如果你無視它，那麼這入口不得的水在轉眼之間也就消失了。如果能明白這個道理，那麼做到「無視」這一步也就不難了，「無視」總比控制來得簡單許多。

　　俗話都說：「忍無可忍，無須再忍」。如果你只是一味地忍耐，那當然很難去消除憤怒的情緒，就會繼續對健康造成危害。所謂「真正的忍讓」，並不是一忍再忍，而是「不再為了什麼」而容忍。

　　其實只要想一想，我們就能明白——很多時候我們都認為是別人傷害了我們，但卻不曾從自己身上找原因。這難道真的都是別人的錯嗎？仔細想想你會發現，原來老天也很眷顧你，很多事情是當你不再去在意它時，它就會自然而然地消失。記住，忍讓的真諦是將「氣」置之於度外。

　　當你受各種負面情緒困擾而感到痛苦不堪時，可以確信的是：你完全可以憑藉著「轉換想法」來改變情緒，並且很快地進入你所需要的良好

情緒狀態當中，這就是一種有效的情緒自控力成長。

當然，我們絕不可能只憑著「下定決心」就能改變，因此我們需要學習方法，你可以改變你關注的對象、自己的思考方式、改變看待問題的立場等等來加強自己的情緒管理。

 轉換思考的角度

所有的絆腳石，同時也都能是墊腳石，就看你怎麼利用它。壞情緒雖然惹人厭，但如果勇於接受，它也能教給我們一些許多安逸的狀態下學不到的事情。

也就是說，任何事都有正反兩面，藉由壞情緒成長，也能幫助我們訓練自己的情緒控管。

＊當外在環境或他人讓我們感到不悅時，先冷靜下來，認真思考這種情況能否帶給我們正面的意義，或者思考他人的本意，瞭解造成對方如此的表達方式的緣由。

＊當遭遇失敗時，首先不是抱怨命運，而是轉換思維、正確評價自己，對自己有正確的認知，做自己可以勝任、可以理解的事。

＊生活中的不順利是難免的，遇到挫折時，多想想這個挫折帶給你的教訓和經驗，這也是一種收穫。

＊當發現自己信心不足時，想想那些不如你的人，再想想自己的優勢，如此便可幫助自己恢復信心。

 放寬心胸，減少不必要的痛苦

生氣的感覺不好受，特別是在現實完全背離我們的期望時，我們更

能體會到這種煎熬，讓人難以忍受。但其實，人心可以是這世上最狹窄的地方，也能是最寬廣的地方，就如同那句名言——比陸地更寬廣的是海洋，比海洋更寬廣的是一個人的心房。

不論孫悟空怎麼跳，都逃不出如來大佛的手掌心，心的「容量」遠比那些令人煩惱的世俗之事要浩瀚得多。痛苦之事再多再煩，也不會淤積到心土的邊緣，只會在心靈裡占據很微小的一部分。所以與其為凡事苦惱，不如放寬心胸，減少那些不必要的痛苦。

 ## 讓壞情緒得到適當宣洩

人有情緒是正常的，沒有情緒才是非正常。有了壞情緒，就要能適當地宣洩、疏導，而不能一味地去抑制它、堵塞它，自控力雖重要，但也並不是要控制、壓制情緒完全不發洩。

若你在某個時期遇到的挑戰和承受的壓力較大，那麼可以適當放鬆一下，舒緩一下緊張的情緒，這才是對你最好的方式。例如，你可以：

＊聽音樂：音樂被稱作「對心理療傷最有效的武器」，當我們完全沈浸於樂曲時，那些外界讓我們不愉快的負面情緒也將會隨之淡化、消失。

＊看電影：看一些可以令你發笑的喜劇，輕鬆地融入電影情節，將自己完全投入其中，你的負面情緒也會在不自覺中消失。

＊玩遊戲：現在手機、電腦、電視都很方便，打開一款可以讓你投入的遊戲，當你全心投入遊戲時，你便無暇顧及那些壞心情了。

＊適當哭泣：找一個安靜或空曠的地方讓自己大哭一場，盡情地宣洩內心裡的不滿或壓力，如此可以有效平衡我們的心理狀態，是最天然的自我療法。

 ## 從自己身上找原因，解脫的是你

「為別人著想，就好比是一種心靈解脫，體諒的是別人，解脫的卻

是自己。」這是個很簡單的道理，但是做起來並不容易。在遇到矛盾時，很多人都會據理力爭，指責別人做錯了，抱怨現實如何不公平，但卻很少從自己身上找原因，也不願意站在對方的角度上去思考問題，因此總是無法擺脫愁苦的心境。

但只要你能適時地站在對方的角度上想一想，對方或許有苦衷，有無奈，也有不足，只要能多體諒一點對方的感受，不要總想著這對自己來說有多麼地不公平，那麼通些心結就更容易打開了。

🔑 保持平常心，煩惱、衝動都不再

佛說：「物隨心轉，境由心造，煩惱皆由心生。」貪婪、嫉妒、虛榮；友情、愛情、親情；懦弱、堅強、高興；煩惱、爭強好勝、口蜜腹劍，這些都是我們自己造成的，我們快不快樂，其實完全處在於自己怎麼想、如何去看待身邊的事物。

如果在任何情況下我們都能抱有平常心，不以物喜，不以己悲，不為遭遇不公而憤憤不平，不為受到他人中傷而生氣，不為別人對自己的寡情薄意而難過，不為凡事左右心情，那麼就沒有什麼能讓你煩惱了。

「人心不是靠武力征服，而是靠愛和寬容征服。」如果你懂得了忍讓和寬容，那麼你就征服了自己，也升級了自控力，同時也能因此得到更多當初你缺乏的。

23

強化自制之前，抗壓力不能弱

有了堅定的意志，就等於替雙腳添了一對翅膀。

——文藝復興時期藝術家　喬瓦尼・貝利尼（Giovanni Bellini）

無論是耄耋之年的老人、為事業家庭忙碌的中年人、還是剛走出校園的大學生，應說都能深有體會。

我們的一生都在為升學就業、夢想或是欲望而奔波忙碌著，但是這場比賽的對象是誰？是工作上、課業上的競爭對手？還是遲遲不來的機會和命運？我們說這都不是，因為人們最大的敵手就是自己，也就是控制自己的能力。

而能夠克制自己的情緒，EQ好不好更是一種判別品性是否良好的簡單標準，這樣的人通常具有理性、承受力強，性格也開朗、豁達，因此具有很大的成功潛力。

相反地，不能很好地控制自己情緒的最大表現就是不能等待，凡事都想按照自己的想法立即去做，這也是缺乏自控力的明顯證據。

李叔年過六十，年輕時打拼了幾十年，終於有了幾百萬的退休積蓄，正好他也有一些股票期貨交易的知識和經驗，所以想把絕大多數的錢都投進去「大賺一筆」，想著賺了錢要在家鄉買一棟房子安安穩穩地養老。

李叔知道做這個決定必然有風險，所以非常謹慎，他告訴自己千萬不能馬虎，而且一定要多聽別人的建議來判斷。但每當看漲停板時，李

叔總是會不由自主地緊張起來。看到自己買的股票下跌了，眉頭馬上皺得可夾死蒼蠅；股價開始往上爬了，臉上的笑容就藏也怎樣不住。

　　他總是一賺到錢就喜不自勝，一見賠錢，便寢食難安，唉聲嘆氣一整日。結果，不到三個月他就先高血壓病倒了。

　　貝多芬說：「任何惡都帶著幾分善。」因此，在出現尷尬、苦惱、煩悶等壞情緒時，不妨先讓自己冷靜地等待十分鐘，拋棄心中怨恨、憤怒、煩躁的情緒，轉換一下氣氛，並轉變成積極的思考方式，也許我們就能將眼前的困境變成千載難逢的機會。

　　沒有一種情緒是強大到不可戰勝的，只要我們能看清它們的本質，不要過度放大，就可以很好地控制住，因為多數的壞情緒都是來自於人的主觀意識。一件原本不太嚴重的事，如果你自己陷入了象牙塔之中，將它無限放大，那麼這件事就會變得無比可怕。

　　其實，很多人在度過危機之後都會發現，事情並沒有原本想像得那麼糟，只是因為我們當時身處在其中，當局者迷，旁觀者清。正如自控力在旁人看來也是如此：「你就馬上去做就好了嘛！」然而，正是因為多數「當事者」都做不到，因此才想尋求方法來有效改善。

　　北宋時期的名臣范仲淹曾在《岳陽樓記》中提到「不以物喜，不以己悲」的做人觀念，這著實值得我們學習。只有當我們在任何情況下都能保持著一顆淡泊寧靜的心靈，才能才能調整心態，有效提升情緒自控力

　　那麼在現實生活中，我們該怎麼做才能讓自己的EQ更強壯，不影響到個人的自控力表現呢？

 這樣做，就對了

🔑 如何有效增強抗壓力

抗壓力，顧名思義，就是指一個人心理承受壓力的能力。

有些人一遇到問題就不知所措，唉聲嘆氣，覺得壓力太大而難以承受，如此便會演變成逃避與拖延，但其實這都是抗壓力太低造成的。這樣的人很容易情緒化，哪怕是芝麻大的事，他也會搞得滿城風雨，大動干戈，甚至歇斯底里，而且過於嚴重的情緒化表現，也容易招致人際關係的破裂。

回頭看看自己、想想自己，如果你時常為了一些小事而煩躁不安，擔心受怕，那就要思考一下是不是自己的抗壓力不夠。

那麼，又該如何增強抗壓力呢？這需要我們掌握以下原則：

＊相信世上沒有一直存在的挫折：任何挫折與苦難都會過去，不要總是盯著問題不放，甚至唉聲嘆氣一整天，當你想辦法去解決它時，挫折也就在消失的倒數了。

＊找到你的情緒模範生：你身邊一定有些面對任何事情都能泰然處之的朋友，你可以時常與他們來往，或是問問他們都是如何處理這些問題的。沒有也沒關係，你可以多瞭解一些成功者背後的故事，將他們當作學習範本，相信你能更勇敢。

＊肯定自己的能力：不要擔心自己解決不了問題，不要懷疑自己的能力，任何人的潛力都是無限的，世上沒有人承受不了的磨難，只要相信自己，並做出努力，盡人事，剩下的就聽天命吧。

🔑 如何增強忍耐力：制定停火標準

也許一些事情讓你非常氣憤，甚至想要破口大罵，像這種時候千萬

不要貿然行事，否則你的情緒就將失控得如洪水一樣一發不可收拾。

　　此時你能做的，只有一個字：「忍」。在這個過程中給自己一些提示與警告，想想自己發飆之後可能導致的嚴重後果，或者乾脆找一個安靜的地方坐下來，如前述的，閉上眼睛從一數到十，甚至是從一數到一百，讓怒火能逐漸平息下來。

　　你一定要制定一個「停火標準」給自己，強迫自己安靜下來。畢竟感情用事並不能解決問題，理性地思考事情的前因後果，放鬆心情，你就會發現，事情並沒有你想的那麼糟糕。

 ## 學習自控力良好的人的處理方式

　　當我們學會換位思考時，就能在遇到問題時站在他人的角度、設身處地地為他人著想。

　　如果你能這樣做，就能更加理解他人、寬容他人，同時能將自己的消極情緒轉變為積極情緒。

　　＊一旦遇到問題想發怒時，先問問自己：如果是那些**EQ**好、自控力好、懂得克制的人，又會怎麼處理這件事？透過這種換位思考，可以讓你的情緒暫時穩定下來。

　　＊遇到讓自己十分憤怒又暫時無法解決的問題時，先放下這件事，換個地方冷靜想想這件事值得你發火嗎？生氣了又會有什麼結果？你就會知道，憤怒無法解決問題，還使得你的自控力變得更差。

 ## 學會放鬆，解放壞情緒

　　放鬆對於緩解緊張、焦慮、氣憤的情緒非常有用，可以幫助我們穩定情緒、振作精神、重新充滿衝勁。而且，它還是一種我們隨時隨地都可以採用的方法。

　　因此，當你的心情已經開始變糟時，不妨運用下面的方法來舒緩一

下情緒。

　＊肌肉放鬆：選擇任意的一部分肌肉，用手捏緊後再放鬆，反覆進行，直到身體或內心開始感到完全放鬆。

　＊想像放鬆：透過對一些廣闊、寧靜的場景的想像，來達到放鬆情緒的目的。可以想像自己靜靜地躺在草地上，全身都被溫暖的陽光籠罩著，鼻子裡聞到的是草香，那種感覺無比舒適……。

　＊深呼吸放鬆：閉上雙眼，緩慢地深呼吸，慢慢地將空氣吸入，讓腹部縮起來，盡力屏氣到無法忍耐的限度為止；接著再緩緩地用嘴和鼻孔同時將氣呼出，並放鬆全身肌肉，反覆練習這個動作三至五次。

24

不完美也可以，立刻解除壓力

不做什麼決定的意志不是現實的意志；無性格的人從來不做出決定。

——德國哲學家　黑格爾（Georg Wilhelm Friedrich Hegel）

現實總是不完美的，完美雖然能給予我們源源動力，但是如果一個人過於追求完美，就會因不滿和企圖完善現狀，而背負上更多自行給予的壓力，造成無數拖延的後果。

追求完美的人爭強好勝，不僅對自己苛刻，對身邊的人也存在著質疑。對別人身上的缺點，他們都難以忍受，總是認為如果對方按照他們的方法做事處事，就完全能夠避免錯誤的發生。

但是實際上他們也沒有一個固定標準，因為他們太過主觀，並總是在得到一個結果後產生出另一種不滿。在他們看來，任何人都離他們的最完美標準相去甚遠。

這種過於自我的表現使得完美主義者在他人的眼中缺乏包容心、苛刻又難以接近。因此他們的人際關係多半很糟糕，當他們形單影隻時，就會因孤獨而出現心理障礙，但又容易反過來抱怨別人孤立他。但其實築起這道牆的正是他們自己，你也是如此嗎？

有個笑話，有一個美女，開出了徵婚條件：（一）要帥、（二）要有車。然後，她輸入了電腦搜尋，出現的是：「象棋」。

她看了很不滿意，於是改輸入了：（一）要有錢、（二）要有房子。然後，按了搜尋鍵，結果出現了：「銀行」。

她看了更不高興了，她又改輸入：（一）要MAN、（二）要有安全感。結果，螢幕出現了：「鋼鐵人」

她不死心，最後把所有條件都打上去：（一）要帥、（二）要有車、（三）要有錢、（四）要有房子、（五）要MAN、（六）要有安全感。按下搜尋鍵後，電腦出現了：「在銀行下象棋的鋼鐵人。」

這是個笑話，但卻告訴我們：在現實當中總有缺陷，當你越追求完美，就越會背負著壓力。

更何況，世界上根本不存在「完美」，完美只不過是一個烏托邦式的假設，如果在某件事上總是過於追求完美，那你就等著有罪好受了。

因此，完美主義者不僅要學會寬容自己，更要學會原諒和接納別人，在與人來往時給別人一些空間，對某件事過於追求完美，甚至到了吹毛求疵，那是十分危險的。如果一個人深陷在極端當中無法自拔，那麼最終只會讓自己陷入龐大的壓力無法逃脫。

想釋放壓力，想從因完美主義而導致的拖延病解放，就要摒除追求完美的念頭。那麼又該如何才能讓自己逐步改變呢？

這樣做，就對了

 今天開始，不完美也可以

一個人過於追求完美，就會制定過高的目標，一旦沒有達到，就會過度地自責，認為自己不夠努力，或者抱怨任人不賢、識人不清，從而陷入自我檢討和沮喪的循環當中。

即便是他們的確知道自己的目標設得過高，也不會願意輕易更改計畫，結果當然始終都背負著過大的壓力。

完美主義者在做事時經常過於極端，一旦認定或是下了決心之後，就會極力維護，一旦有相反的意見出現，就會表現出激烈的反抗。即便已看到事實的真相，也是一意孤行，不願做出改變。於是眼看著現實與自己的距離越來越大，壓力便隨之增加。

研究表明，強迫性完美主義不利於身心健康，而且容易導致自我挫敗，工作效率更低，從而使人際關係和自尊心受到傷害。

所以想摒棄完美主義，就要先改掉自己過於固執的個性，能接受不完美，並願意為現實做出改變。

 排定計畫前，先看實際狀況

習慣追求完美的人做任何事都希望自己是最早完成的那一個，總是催促自己趕在他人之前儘快做完所有事，但是這種期望往往又與現實不符合，這時他們就會因無法實現期望而發怒，並開始出現過度沉重的壓力。

所以在制定計劃時，我們應該從實際情況出發，在過程中適度地做調整，避免因無法實現而產生過多壓力。

 完美主義者別克制適當宣洩

完美主義者對自己的要求非常高，也十分注重別人給自己的評價，他們希望別人眼中的自己是完美的，希望聽到別人對自己的認同和讚美。一旦別人表現出不友善的表情或態度，他們就內心不安，甚至產生自我懷疑。

一般情況下，他們會努力克制，不輕易發表自己的見解，並且在與人交往時小心翼翼，使得精神始終處於緊張和自制的狀態，這種情緒累積過久，就會產生壓力，變得鬱鬱寡歡。

要擺脫這些壓力，完美主義者就要改變自己的處事態度，不要老是被別人的評價左右心情，更不要因為心存不滿和憤怒就一味地克制。而是

要選擇正確的方式適當宣洩（可參考前述方法），如此就能有效避免情緒壓抑，也不會出現因暴怒而影響人際關係的行為。

別過度在意他人評價

完美主義者多半認為自身條件很不錯，所以很難接受他人的忽視或不尊重，一旦人們對他們表現出不屑一顧的態度，他們就會開始擔憂，是不是自己哪裡做得不好？心情也變得越來越糟。

但是當別人對其表示出讚賞時，他們又會不以為然，認為自己還可以更好，並覺得他人的評價似乎不夠有權威，只不過是說說罷了。

所以，他們在無人顧及時十分缺乏安全感，因此產生壓力；但在眾人簇擁時，卻又覺得那些都是不可信的讚揚，同樣會造成壓力。而產生這種雙重壓力的關鍵就在於，他們無法正確對待別人之於自己的評價，因為他們過分在意他人的評價。

要消除壓力，首先就要增強自信，在日常生活中提高自己的心理抗壓力與抗挫力，如此才不容易因他人的言語而迷失自我，因外界的環境變化而影響心情。

自制力從控制住負面情緒開始

意志力是幸福的源泉，幸福來自於自我約束。

——西班牙自然主義哲學家　喬治‧桑塔亞那（George Santayana）

在社會上與人相處，不可能事事都一帆風順，也不可能每個人都對我們笑臉相迎。有時候，我們也會受到他人誤解，甚至是嘲笑與輕蔑。這時，如果我們不善於控制自己的情緒，就容易造成人際關係的緊繃，對工作和生活帶來很大的負面影響。因此，當我們遇到不順心的事情時，應該學會控制自己的情緒，輕易發怒只會適得其反。

然而，有的人只要情緒一來，就什麼都顧不上了，什麼難聽的話都敢說、什麼傷人的事都敢做，甚至還會做出後果嚴重、違法亂紀的行為，這就是人們常說的「情緒化」。這種情緒化行為是無理智的、衝動的、不穩定的，也就是說，在情緒上容易失控的人，當然也是自控力極差的人，甚至是因此導致自控力低弱的最大原因。

喬斯先生因為工作非常不順利，所以回家後不是悶悶不樂，就是和妻子抱怨一些工作上發生的鳥事，每當他說到氣頭上時就會開始大發脾氣，這讓他的妻子難以忍受，於是便找心理諮商師求助：「他現在一回到家就和我說他遇到了什麼煩心事，他有多生氣、有多無法忍受。」

「我簡直煩透了！他為什麼不能把那些憤怒留在自己心裡，那是他工作上的問題！為什麼總是要把情緒帶回家呢？」諮商師開導她：「喬

斯先生的情況的確不太好，但是妳要知道，如果他在剛表現出抱怨、悲觀、難過的狀態時沒有被控制住，那麼很快就會發展成對你們發脾氣。所以當妳在聽他說那些不愉快的事時，應該要先注意到他的情緒變化，及時發現他將要開始生氣的信號，然後去克服這個難題。」

喬斯的妻子後來照做了，每當喬斯先生說到快開始情緒激動時，她便主動轉移輕鬆話題或是轉移他的注意力到餐桌上，於是，喬斯先生的情緒漸漸變得穩定多了。

由此可見，壞情緒給人們帶來的負面影響很有可能遠超乎我們的想像。面對順境，人們心情愉快，分享快樂是件好事，無庸置疑。

然而我們說，一個人控制情緒能力的高低不是體現在對快樂的控制上，而是體現在當他面對困難、心情煩躁時會如何處理自己的情緒。

這樣做，就對了

找到引起憤怒的關鍵原因

美國著名政治家班傑明‧富蘭克林曾說過：「憤怒從來都不會沒有原因，但沒有一個是好原因。」如果你生氣，那一定是你遇到了一些麻煩。在憤怒的前期，有時你只是表現出不開心或是情緒低落的樣子，甚至你也說不清到底是為什麼。

此時你可以回憶一下近幾天、幾周或一兩個月之內發生在身上的事，思考一下哪些事讓你覺得不高興，或是曾讓你的情緒起了波瀾，認真地回想和分析。如果你知道憤怒的直接原因，那麼就好辦多了，這樣你很容易就能找到引發你憤怒的關鍵問題，並著手改善它。

別只用主觀態度看世界

　　無論因為什麼事情憤怒，都說明你看待問題的角度不夠客觀，或是把問題想得太嚴重了。凡事可大亦可小，關鍵是你如何看待它。如果你不把它放在眼裡，而是將其看成一件小事，它就不會影響到你，反之，如果你總覺得這件事很嚴重，那麼你就會被它左右。

　　例如，你正在開車，忽然旁邊的一輛車超車，並且插隊到你的前面，你心裡可能會感到不舒服。但或許是對方有急事，迫不得已這麼做，若你能客觀看待，那麼你的情緒就不會受到過多的支配。

 不讓負面情緒產生循環

　　如果你對某人或某件事憤怒，那麼就不要再繼續想：「為什麼這件事這麼糟糕？」或是「這個人怎麼這樣做事的？」如果你不能馬上停止這樣的思考，你的負面情緒就會越累積越多，從而再加劇你的憤怒，不斷循環。

　　如果你一心認為錯誤在對方，總想指責別人，那麼你的憤怒就會迅速升高。不要總把苛刻的目光放在別人身上，多從自己身上找找原因，改變自己才能更快適應環境。

 別總將問題放自己身上

　　當感覺到自己開始生氣時，先問問自己：這種憤怒是不是過於自我的結果，是不是別人根本沒想過針對我，而是因為他有不順心的事，我將它過度放大了。

　　對於憤怒固然有處理的方法，但是如果能在憤怒剛出現時就及時採取措施，則能為你節省精力，不被無故的壞情緒持續困擾。

養成凡事三思而後行的習慣

美國情緒管理專家帕德斯（Emrika Padus）指出，平時就要練習控制自我情緒的能力，養成凡事「三思而後行」的習慣，這有助於在情緒到來時擁有更好的自控力。你需要：

＊以理解、寬容的眼光看待各種人事物，要懂得大千世界的五彩繽紛，人也各有不同，這樣才能以寬闊的心胸合理地處理我們遇到的每件事（即使它是不合理的）。

＊遇到矛盾時，要站在大局的高度考慮問題，採取恰當的方式解決，而不是衝動地與人爭是非對錯。

＊學會傾聽，給他人解釋的機會，給自己一個緩衝情緒的時間，也許結果能比你想的更好，甚至皆大歡喜。

 「假裝」快樂，就能快樂起來

「假裝快樂」是一種快速調整情緒的好方法。當壞情緒到來時，假裝快樂可以幫助我們脫離不良情緒，恢復好心情。

美國加州大學醫學院的心理學教授保羅・艾克曼（Paul Ekman）曾做過一個實驗，當人們在裝出驚訝、厭惡、憂傷、憤怒、恐懼和快樂等表情時，他們的身心也會隨之變化。當他們假裝害怕時，他們的心跳就會加速；而當他們假裝快樂時，他們就會全身放鬆，心情愉悅。

也就是說，人怎麼「裝」，心情竟然就會跟著怎麼改變，你也試著「假裝」看看吧！

放下成見，才能駕馭自己

疼痛的強度，和自然賦於人類的意志與堅毅度成正比。

——**日本小說家　武者小路實篤**（Saneatsu Mushanokoji）

能夠控制自己的情緒和行為，是一個人成熟、有教養的表現。然而，在我們的生活和工作當中，常常有些人因為一點小事而大發脾氣或是沮喪消沉，如此既影響了他人的心情，也破壞了周遭和諧的氣氛，更別說負面情緒會如何惡化你的自控力，使你無法專注於當下的任務。

心理學家認為，衝動是一種行為缺陷，是指由外界刺激引起、突然爆發、缺乏理智且帶有盲目性、對後果缺乏清醒認識的行為。因此常常表現為感情用事、魯莽行事，而結果往往是追悔莫及，甚至鑄成大錯。

而容易衝動的人更明顯反映在缺乏自控力上，多數人或許都有過這樣的經驗，當自己被對方徹底激怒時，會恨對方到咬牙切齒的地步，甚至會產生想動手傷害對方的激烈反應。

這並不是說我們野蠻，而是這是一種難以控制自己的表現。社會上有許多人都是忍不下一時之氣，才使得小爭執釀成追悔莫及的大禍，這些事情只要你打開電視新聞頻道就能理解。

但是，當你在事後回想起當時為何如此失態、又為何會出現如此粗暴的行為時，通常都會覺得自己真是衝動、丟臉。因此，當衝動的情緒一旦上來時，你就應該及時採取一些有效方法來駕馭衝動，訓練控制住自己的情緒。

　　安泰人壽的經理周麗華在進入壽險業六年時，便獲得了無數獎牌，每年還要前往美國領取「百萬圓桌會議會員」獎，這是壽險業中的最高榮譽，臺灣能拿到這個獎項的人很少。

　　但是，周麗華在剛剛接觸保險業時，卻是飽嘗辛酸與羞辱。

　　有一次周麗華拜訪一個陌生的客戶，他第一次被拒絕，第二次又吃了閉門羹，到了第三次是個下雨天，她請求這戶人家讓她避雨，結果卻仍然被狠狠地拒之門外，她流下了當業務員以來的第一滴眼淚。

　　在雨中走了十分鐘之後，她忽然想起摩門教的傳教士挨家挨戶傳教卻不以為苦的精神，於是她激勵自己：「我是在傳醫療保險的教啊！我有什麼好難過的呢？」

　　當她下次四度登門時，正好那戶的女主人正要推著嬰兒車出去，她要求陪同散步，這位太太終於接受了她，周麗華和太太談論小孩的未來以及醫療保險的重要性，由於關心的重點是在孩子身上，而不是自己是否要推銷保險，漸漸地，她們從陌生到熟識、從排斥到接受，小孩的保單也從不滿周歲到現在三歲從未斷過。

　　在一九九三年時，周麗華也曾跑到富邦證券門口拉業務，她發現有一位穿著黑大衣的中年人走入了富邦證券的大廳，看起來像黑社會「大哥」。周麗華想：這個人應該是去保醫療意外險，這樣他的家人才有保障。她決定在門口等他出來。

　　直到中午，這個黑衣大哥才緩緩地走下樓，周麗華急忙跑過去遞上自己的名片，並且很禮貌地問他：「請問您需要保險嗎？」沒想到那位黑衣大哥順手接過周麗華的名片，就將自己嘴裡的檳榔汁吐在上面，並隨手一撕丟在地上，還順帶附上一句「三字經」。

　　周麗華看到這一幕，眼淚一下子掉下來。她只能忍住屈辱，默默走開，沒有爭執。但是，她的心裡卻浮現了一句話：「將來拿我名片的人會是很有福氣的。」

　　周麗華覺得，保險業務員心中一定要有愛，當客戶叫你滾、不買你的保單時，因為你是真的愛他，所以不會覺得痛苦。賣出保險後，你會對客戶誠實和忠誠，真正去關心他的生活，不只是看在錢的分上。

　　而更重要的是「堅持」——想想看，有哪一個愛上別人的人不會堅持下去？只要有愛，不只是不痛苦，而更可以堅持地更自然而然。

　　有的業務員會靠著人脈兼賣其他東西，但她很堅持一次只做一件事，把事情做到最好，她認為：「保險是一種承諾，我希望我的客戶都很平安，都有很好的醫療保險，當退休後、生病時，可以不要擔心要把房子賣掉或者老了以後孤苦無依。」

　　周麗華認為自己的脾氣其實並不好，但之所以能夠承受數以萬計的白眼、怒罵與輕蔑，是因為她認定自己所從事的是傳遞愛心的工作。她的父母晚年都臥病在床，醫療費幾乎拖垮全家，她不希望其他人也遭受這樣的痛苦。秉持著這種理念與執著，每當負面情緒及對他人的成見向自己湧來，甚至想要發怒時，她都會告訴自己：「要放下。」

　　在我們的生活和工作中，每個人都會產生負面的情緒，也都有著衝動易怒的時候。雖然很難不去產生這些不好的情緒，但要能夠及時控制住、排解掉，這才是最明智的人。

　　然而若能將這種壞情緒合理轉化，發揮深藏其中的積極作用，那麼就等於在處理情緒的自控力上又到達了一個新的階段。

拋棄成見能讓你放寬心境

當我們想要對一個人發脾氣時，要學會有自覺地從一個比較積極的角度去看待這個人，從好的方面思考這個人，這樣，我們就不會對這個人的行為感到過度的憤怒和衝動了。而「放下成見」是一種極為有效的控制衝動情緒的方法，可以幫助我們控制住許多即將爆發的情緒。

＊當我們要就某件事對某個人發怒時，先提醒自己要從一種比較積極的角度去看待對方的行為。例如，當走路有人撞你個正著還沒有道歉就離去時，可以想著：「他可能有什麼急事。」或者：「可能是我真的走太慢了。」這樣想，你就不至於火山爆發了。

＊當你覺得自己情緒將要失控的時候，試著觀察自己的狀況和感覺。例如，告訴自己：「我現在心跳很快、臉很紅、呼吸還很急促！」這些短短的描述可以分散我們的注意力，讓自己知道現在的狀況必須要冷靜才行。

轉移注意力能有效控制衝動

當我們對一件事或一個人感到氣憤，並可能失去控制時，就應該馬上轉移注意力，讓自己暫時脫離眼前不愉快的事，這是一種控制衝動的有效辦法。你可以：

＊感受到自己要發怒時，就可以有意識地轉移話題或做點其他事情來分散注意力，可使情緒獲得緩解。

＊讓自己從事一些體育運動，例如打球、跑步、游泳等，都能暫時地有效轉移不愉快的情緒。

讓怒火就此熄滅，不傳染

執著追求，並能從中得到最大快樂的人，才是成功者。

——美國作家　亨利·梭羅（Henry David Thoreau）

情緒是可以傳染的。如果經常接觸一些情緒消極、心情不快的人，我們的情緒也會受到影響，變得煩躁、易怒。相反地，如果我們經常接觸一些心態積極、情緒樂觀的人，我們的心情也會變得愉快起來，而喜悅的心情也會給人正面的刺激，有益於身心健康。

我們不能左右他人的情緒，也不能要求他人時刻都情緒高昂，但如果有一個人，總是向你抱怨生活不如意、老闆太刻薄、工作太辛苦，或者整天向你哀嘆自己的運氣多麼差、生活對自己多麼不公平等，那麼請你盡量遠離這樣的朋友。否則，你對壞情緒的「免疫力」再強，也不能保證長期與其在一起而不受一點負面影響。

然而，憤怒和嫉恨就像火焰，如果你一直捧著它，它就會燒到你。這是個非常生動的比喻，如果一個人在憤怒時不懂得節制和改變心態，那麼最終會引火自焚，使自己葬身火海。

歷史上因為沒有及時壓制住怒火，最終導致惡果的事情屢見不鮮，不理智和衝動往往會埋下眾多禍患，不可不慎。

在大不列顛戰爭中，英國人摸透了希特勒的脾氣，於是先轟炸了柏林，吊起希特勒的胃口。

於是，性格急躁的希特勒馬上將攻擊方式由天空轉移到陸地，對各

個城市展開狂轟亂炸。結果英國人不僅利用這個機會更新了雷達系統，同時英國的機場也得到了喘息的機會。訓練有素的英國人伺機而動，而希特勒卻因此亂了陣腳，最終導致了戰爭的失敗。

導致希特勒失敗的元兇就在於他的憤怒和衝動，憤怒是一種極具破壞力的情緒，它會給人們帶來很多負面影響，而衝動更會使這種怒火迅速蔓延，若不想被這種情緒所左右，我們就要避免引起衝動的舉動，

如果覺得自己怒火中燒，那麼就要及時排空周遭會讓你上火的因素，事先阻斷一切潛在的麻煩。一個人一旦處在怒火中燒的時候，便像喝了酒一樣，會表現得失去理智，容易陷入憤怒的情緒之中而無法自拔。

那要如何才能從這種情緒中逃脫出來呢？很多人會認為只要將怒氣發洩出來就沒事了。但殊不知，怒火越是發洩，越會蔓延，這就如同「煽風點火」的道理一樣。發洩很好，但防患於未然更好。

所以，要想保持好的情緒，就要盡量遠離那些經常有壞情緒的人，不讓他們的負面情緒影響到我們，也不讓那些不值得的瑣碎小事破壞我們的好心情。只有這樣，我們的人生才會遠離煩惱，擁有更多的快樂。

因此，當察覺自己的情緒激動時，最好的辦法就是「控制它」，也就是排除身邊易上火的動機，將其消滅掉。那麼又要如何才能做到呢？我們可以從以下幾個方面來做：

這樣做，就對了

拉開距離，閉上嘴巴

拉開空間距離，其實就是指離開那些令你感到不悅的事情，沒有了憤怒的根源，自然怒火就會漸漸熄滅了。「眼不見，心不煩」，說的就是這個意思。

然而嘴是引發衝突的禍根，一句話可以帶來皆大歡喜，也可能會導致一連串的衝突和爭吵。在很多情況下，其實並非事情本身有多麼地難以處理，而是人們彼此先爆發的言語攻擊與出言不遜，導致最終衝突激化，局面不可收拾。

在憤怒時適時地閉上自己的嘴，不多嘴，就等於抑制了一開始火勢的蔓延。

制定規則提醒自己

怒火燃燒不停止，原因之一在於沒有滅火器。對我們來說，滅火器是什麼呢？其實就是幾句自我提醒和警告。在要生氣時給自己一句警告，或者事先制定一些規則來規範自己，以便能及時阻斷怒火，使自己保持清醒，能避免不理智所衍生出的麻煩。

清朝官員林則徐，就在自己家裡掛了一塊「制怒」的字匾，當他覺得自己要發怒的時候，就會趕緊看這兩個字，以及時控制住自己的情緒。

同樣地，我們也可以借鑒與此，寫一些可以迅速消除怒火的話，貼在自己經常能夠看到的地方。例如：辦公桌上、床邊、冰箱上，只要是隨處可見的地方，都可以留下一些寬心的話來勸導和提醒自己，那麼我們就不會被怒火快速包圍。

多親近大自然

與大自然親近有助於我們保持愉快開朗的心情。許多人都曾說過：「當我心情沮喪時，我就去種種花草，幫它們澆澆水、除除草，在與那些花草樹木接觸的過程中，那些不快樂也都煙消雲散了。」

你可以：

＊多參加戶外活動，親近大自然，讓自己接受自然療法，這是掃除壞情緒的無藥良方。

＊如果不能到戶外去活動，也可以在窗前眺望一下外面的天空、大廈，這對心情的恢復有一定的幫助。

＊定期外出旅行，讓自己置身於自然之中，體會人的微小與侷限，這些煩人的世俗之事對廣大的世界來說又算得了什麼？

強大的正面力是自控力根源

　　您得相信，有志者事竟成。古人告誡說：「天國是努力進入的」。只有當勉為其難地一步步向它走去的時候，才必須勉為其難地一步步走下去，才必須勉為其難地去達到它。

——俄羅斯作家　果戈理（Nikolai Vasilievich Gogol-Yanovski）

　　思維為我們建立了個人的價值觀和世界觀，並引導我們做出行動。

　　就如同前述鐵娘子名言的另一種版本則是：「播種一個行動，你會收穫一個習慣；播種一個習慣，你會收穫一種個性；播種一種個性，你會收穫一個命運。」思維引發一連串的行動，便由此收穫一種命運。

　　也就是說，你有著什麼樣的思維，就將有著什麼樣的生活和人生。換句話說，你的態度便決定著你的人生。

　　一位羅伯特博士曾和學生們做了一項內容為：「老鼠走迷宮吃乳酪」為期六週的實驗。羅伯特將學生分成了A、B、C三組，每組觀察一組老鼠。

　　在實驗開始之後，羅伯特分別與三組學生進行了不同的談話。他對A組學生說：「你們將與一大群優秀老鼠合作，這群老鼠非常聰明，牠們能夠迅速走過迷宮到達終點。你們真幸運，所以你們要多買一些乳酪放在終點，以獎勵這些聰明的小傢伙們。」

　　對B組學生，他說道：「你們將和一群普通的老鼠合作。這群老鼠雖

然不太聰明，但也不至於太笨，牠們最後還是能走過迷宮抵達終點。但是牠們的智力一般，你們不要對牠們期望太高，只需要在終點放一些乳酪給牠們吃就可以了。」

而面對C組同學，他卻強調：「我很抱歉，你們將跟一群蠢笨的老鼠合作。這群老鼠笨極了，表現應該會很差。如果牠們能夠走過迷宮抵達終點，那可能純粹是意外。所以，你們根本不用準備太多乳酪。」

結果六週之後，三組老鼠表現出了很大的差異。

A組被稱為天才的老鼠們以最快的速度走過迷宮，動作靈活。B組的老鼠雖然也能走到終點，但是動作相對來說慢了不少。而C組老鼠表現得的確很糟糕，只有一隻走過迷宮抵達了終點。後來羅伯特告訴學生們，這些老鼠都出自同一窩，牠們之間的能力並沒有什麼不同。

那麼，是什麼讓這些老鼠有了天壤之別的表現呢？其實這只是羅伯特博士使用不同的「話術」讓學生們對老鼠產生了不同的期待與態度。在實驗的過程中，雖然人與老鼠其實無法透過言語交流，但是學生的用心程度卻明顯影響到老鼠們的表現。

　　可見，心態不同會直接影響我們的表現，進而導致不同的結果。當你越是期待美好的結果，以積極、正面的思考來看待事物，就越能發揮潛能，得到更好的結果。

　　同時，研究結果也提到，擁有正向思考的人也更健康、更快樂。經科學家研究證明，正向思考的神經系統所分泌出的神經傳導物質，具有促進細胞生長發育的作用。

　　因為人體的神經系統與免疫系統相互關聯，人們在正向思考時，身體的免疫細胞也會同樣活躍起來，並繼續分化出更多的免疫細胞，使人體的免疫力增強。一個積極面對生活、對身邊的人事物經常採取正面思考的人，更不容易生病，當然也就更健康長壽。

　　此外，研究學者寇菲（Cofer）指出：人們在挫折面前，有超過九成的人會有退縮、攻擊、固執、壓抑等反應，而善於運用正向思考的人會有這些反應的比例則低於一成。

　　在《正向能量》一書中，朱迪斯・歐洛芙博士（Dr. J u d i t h Orloff）認為直覺是想像力、心靈和智慧的結合體，它可以帶來健康和創造力，讓我們的生活豐富多彩，讓我們的麻煩少之又少。所以要培養這種正向思維並非一蹴可幾，不僅要成熟心智，而且需要我們動用豐富的想像力。現在，從豐富自己的正向想像力開始。

　　可見積極正向的思考對我們來說益處無窮，積極看待生活，用正向思維武裝自己，相信自己，才能擁有陽光般的人生。

　　那麼我們該如何培養和豐富自己的正向想像力呢？

這樣做，就對了

試著創造你的正向力

　　什麼是正向力呢？其實就是指我們幻想美好事物的能力和豐富程度。換句話說，也就是正向思維的開闊程度。

　　正向想像力豐富的人能想到十件自我肯定的內容，而這種能力低弱的人也許只能想到一、兩件。例如，在面對失敗時，有的人運用正向的自我暗示力時會想：「我有的是機會」、「我的能力很OK」、「一切都會如我所預期的」、「我一定會成功」、「我該行動，機會就在眼前」，但是有些人想像的空間比較狹窄，正向思考的內容較少，以致於受到的暗示也較少，當然從中得到的動力就越少了，積極暗示的效果就會較差。

　　俗話說：「心有多大，世界就有多大。」當正向想像力越開闊，你能列舉的積極事物越多，就會越有動力，越能發揮改變現實的效用。成功

需要野心、需要敢想，「我是最好的」、「我已經擁有改變現在的力量」
這種近乎天馬行空的正向思考，來自於你豐富的想像力。

　　想進行積極的自控力訓練，就要先培養豐富的正向想像力，以使自
己能從中獲得更多的力量。

面臨困難時，運用正向力＋自控力

　　快樂的人之所以快樂，不是因為經歷的磨難少，而是他們懂得不失
時機地強化自己的正向思維，並運用正向想像力鼓舞、激勵自己。

　　一旦面臨困難，快樂的人會馬上告訴自己「我現在很快樂」、「我
的個人能力正在提升」、「我現在的能力足以戰勝它」，只要有機會，他
們就能迅速加強自己的正向思維，將自己想像成最快樂、最不可戰勝的
人，並且會盡可能肯定自己，從而獲得持續不斷的力量。

正向力或自控力，都只是一種習慣

　　羅馬的哲學家愛比克泰德（Epictetus）曾說：「是否真有幸福並非
取決於天性，而是取決於人的習慣」。

　　在生活中時常加強自己的正向想像力，將積極的自我暗示培養成一
種習慣，使自己時時刻刻都被強大的暗示力量所鼓舞，那麼你不僅能擁有
好心情，還能期待不同凡響的成就。

　　莫斯科未開發腦研究所的烏拉吉米爾‧賴可夫博士，曾利用催眠術
來刺激未開發的腦部，以進行開發能力的研究，當賴可夫博士暗示受試者
說：「你是高更，畫得一手好畫」時，在經過連續十次的暗示之後，這位
基本上沒有什麼繪畫功力的受試者畫出的作品，竟然看來也有如大師般的
水準。

　　心理的力量就是這樣強大，透過培養和豐富自己的正向想像力，並
最大限度地運用這種潛在的能量，你就更能循序漸進地強大你的自控力。

你能控制自己的情緒嗎？

下列各題中，每道問題有3個選項，根據你的實際情況選出一個最適合的答案。　　　　　　　　　　將各題得分相加，算出總分。

1. 你是否經常需要花很長時間才能入睡，或者醒來的時間比你預定的還早得多？

A·經常這樣，這讓我很苦惱。　　　　　　　　　　　2分
B·從來沒有這種情況。　　　　　　　　　　　　　0分
C·偶爾這樣，但我不認為這是個問題。　　　　　　　1分

2. 你對與自己關係最親密的人是否感到滿意？

A·不是很滿意，他們有很多我無法容忍的缺點。　　　2分
B·很滿意，跟他們在一起很快樂。　　　　　　　　　0分
C·還不錯，跟他們相處得還算融洽。　　　　　　　　1分

3. 你晚上躺上床之後，是否會經常爬起來看看門窗有沒有關好、電器插頭有沒有拔掉？

A·經常這樣，因為我經常覺得很不放心。　　　　　　2分
B·從不會這樣，這些事情不會困擾我。　　　　　　　0分
C·還好，偶爾才會有這種情況。　　　　　　　　　　1分

4. 你是否經常因為做惡夢而驚醒？

A·經常做惡夢，好像因此睡眠品質不太好。　　　　　2分
B·從來沒有，我通常一躺下來就會睡著。　　　　　　0分
C·偶爾，很少會有這種情況。　　　　　　　　　　　1分

5. 你是否經常覺得你的家人對你不夠好，但其實你心裡又清楚，他們並不是故意的？

A·我經常這樣覺得，因為他們的表現會讓我這樣想。　2分
B·不會，雖然如此，我覺得他們仍然對我很好。　　　0分
C·偶爾會這樣想，但這種念頭很快就會消失。　　　　1分

6. 到了秋天，你通常會是什麼心情？

A·秋意漸濃，枯葉遍地，心情都會跟著悲傷起來。　　　　　　2分

B·秋高氣爽，心情不錯。　　　　　　　　　　　　　　　　　0分

C·不好不壞，沒有太明顯的感覺。　　　　　　　　　　　　　1分

7. 當有一件大事需要你做決定時，你是否會覺得很困難？

A·對，我常常會不知道該怎麼處理最好。　　　　　　　　　　2分

B·不會，我做決定都很快。　　　　　　　　　　　　　　　　0分

C·不一定，要看具體情況。　　　　　　　　　　　　　　　　1分

8. 早上起床時，你通常是什麼心情？

A·憂鬱或煩悶，開心不起來。　　　　　　　　　　　　　　　2分

B·期待的，因為是新的一天、新的開始。　　　　　　　　　　0分

C·說不清楚，要看當天的感覺。　　　　　　　　　　　　　　1分

9. 你平時是否會覺得自己很健康？

A·是的，我覺得自己很健康，精神飽滿。　　　　　　　　　　2分

B·不，我常常覺得自己像是生病一樣，沒什麼精神。　　　　　0分

C·沒想過這個問題，沒有太明顯的感覺。　　　　　　　　　　1分

10. 當你一個人走夜路回家時，是否會覺得前面暗藏著危險？

A·對，我經常會感到不安。　　　　　　　　　　　　　　　　2分

B·不會，我覺得很安全、很平常。　　　　　　　　　　　　　0分

C·偶爾會有害怕的時候，但多數時候沒有。　　　　　　　　　1分

測試結果：

0～5分：你的精神飽滿，情緒穩定，自信心也強，是具有較強的美感、道德觀和理智的人。

　　你具有一定的社交能力，能夠理解周遭人的想法與心情，也能夠顧全大局，是個性格豪爽、受人歡迎的人，即便是遇到挫折的時候，你也很快就能重新再站起來。

6～10分：你的情緒基本上是穩定的，但較為深沈難捉摸，對人事物的思考

過於冷靜，處事也比較消極多疑，不善於發揮自己的個性優點。

　　你的自信心多半受到壓抑，心情忽好忽壞，不容易控制，做事容易瞻前顧後、躊躇不前。但如果有煩惱時，你會想嘗試用自己的力量去解決，不想依賴他人。

11～15分： 你的情緒非常不穩定，是屬於日常煩惱過多、較常猶疑不安的人，心情也經常處於緊張和矛盾之中，情緒控制是低落程度。

　　當遇到挫折的時候，你容易呈現出一種惶恐不安的焦慮感，很害怕自己做不到，建議你可以多與有經驗的朋友或長輩請教，便能有效消除你的不安，並從成就感中建立起自信心。

16分以上： 這是一個危險的訊號，你是否自己給自己太多的壓力了？以致於在生活或者工作上對任何事都抱持著負面觀感。

　　除此之外，你也是一個較難信任他人的人，建議你有心事或困難時，可以向朋友或者家人求援，自己一個躲在象牙塔裡是於事無補的。甚至如果你也覺得自己長期處在這種狀況下相當痛苦，不妨與專業的心理諮商師做溝通，才能更有效地做出改善。

Chapter

5

別 讓 過 多 的 欲 望 害 了 你

減少誘惑吸引

Happier
how to improve
your self-control.

習慣形成性格，性格決定命運。

——英國經濟學家 約翰·凱恩斯

John Maynard Keynes

情緒自控力如何不受影響？

最可怕的敵人，就是沒有堅強的信念。

──法國著名作家　羅曼・羅蘭（Romain Rolland）

有些細菌和病毒具有傳染性，如果人們沒有抵抗力，就可能被疾病傳染，這種常識相信很多人都知道，而情緒也是如此。

也許你在生活上就實際有過這樣的經驗，但它卻被你忽略了。

當你在與朋友或親人吵架之後，是否也變得憤怒、煩躁不安？當你被上司、客戶批評之後，是否也會變得情緒低落、鬱鬱寡歡？在大考之前，你是否很容易出現焦慮難耐、如坐針氈的反應？如果沒有或很少，那麼恭喜你，你擁有足夠的「抗體」。

相反地，如果你經常發生類似的情況，經常受到身邊人的影響，使得自己陷入情緒的沼澤無法自拔，那麼可就要注意了，這表示你的「自控力」薄弱，如果不儘快加強它，你的生活可能一直都會處在被旁人的壞情緒打亂的情況之下，那可真是得不償失。

> 有一次，著名專欄作家西尼・哈里斯（Sydney Harris）和朋友到報攤買報紙，拿到報紙之後，朋友禮貌地對報販說了聲：「謝謝」。
>
> 但是報販卻一臉嚴肅，一語不發，好像很不開心的樣子。
>
> 這讓這個朋友也很不開心，在路上就開始對哈里斯抱怨：「那傢伙的態度很差，對不對？」
>
> 哈里斯笑著回答：「他每天都是這樣的。」

　　朋友疑惑地問：「那你為什麼還對他態度那麼好？」哈里斯便回答：「難道我要被他的情緒傳染，讓他決定我今天一整天的心情嗎？」

　　而心理學家在經過長期的研究之後發現，如果一個情緒穩定的A學生和一個情緒低落的B學生同處一室，那麼A學生的情緒就會慢慢低落起來；如果家庭中妻子或丈夫的情緒低落，那麼他的配偶也會更容易出現類似的情緒。

　　最後因而得出了一個結論：一個開朗、心情舒暢的人，如果天天和一個抑鬱、愁眉苦臉的人在一起，那麼只要二十分鐘就會受到「情緒傳染」，很快地就會跟著沮喪起來，且如果同情心與情緒的敏感度越強，就越容易受到對方的情緒感染。

　　那麼，如何才能提高情緒的自控力呢？

　　國外的諺語說道：「心態是一個人真正的主人，你不是駕馭生命，就是被生命駕馭，是心態決定了誰是騎士，誰是坐騎。」對我們來說，自己才是自己心情的操控者，只要我們的力量夠強大，就不會被外界的紛擾輕易干擾。

　　的確如此，難道別人心情是好是壞，我們都要跟著生氣或是嫉妒嗎？當然不，這樣不累嗎？

　　想要更快樂，我們就必須要先為自己建立起所謂的「免疫力」堤壩。那麼該如何增強情緒「抗體」，以防止被別人的壞心情「傳染」呢？

這樣做，就對了

🔑 更強的自控力是你能夠影響他人

　　人在心情愉悅時，體內會分泌更多的腦內啡肽（endorphin，也稱為

安多芬或內啡肽，是氨基化合物，它能與嗎啡受體結合，產生跟嗎啡、鴉片劑一樣的止痛和欣快感，等同天然的鎮痛劑。），使人更加快樂。

心情要愉悅，需要你對各種人事物的狀態重新評估、重新思考，同時以陽光、溫暖的正面態度去站在對方的立場思考。

當你身邊有人開始釋放壞情緒的時候，最有效的做法並不是要你遠離那些人，而是你能用正向的心態引領自己不受他們的情緒影響。

更甚者，行有餘力，你還可以從壞情緒的深淵裡拉他們一把。

要讓自己不受壞情緒傳染，你可以作如下的思考：

＊想想比自己處境更差的人，你比他們的狀況好多了。

＊想想自己曾經努力得到的成就，這是你值得驕傲的。

＊想想自己也曾碰過跟這差不多糟的情況，那時候都能撐過來了，何況現在呢？

當有外在干擾時，可以這樣做

你也許有過這樣的經驗，有時別人和你說話，你可能會因為正在思考某件事情，而對彼此的談話內容沒留下什麼印象，不記得別人說了什麼，這是因為你當下轉移了注意力。

有研究表示，我們的思維速度比說話速度快了三到九倍，在外界沒有影響的情況下，我們的思維並不會等待。

但是當人們開始傾聽旁人的談話，或是注意到了對方的行為時，思考就會處於停滯狀態。在這種情況下，我們的心理不受理智控制，個人的情緒就很容易受到帶有情緒性的話語或是行動上的影響而產生變化。

因此，當你身邊的人心情不好時，進而開始抱怨、唉聲嘆氣的時候，你一定要下意識地告訴自己——趕快轉移注意力。甚至可以以客觀的態度來待看彼此的談話，盡量讓自己不要也陷入對方的情緒裡。

那麼，要如何才能恰當地轉移注意力，卻又不損及人際關係呢？

＊左進右出耳邊風：這常常用來形容長輩責罵晚輩不聽取教訓，將訓言當成耳邊風不改進。在平常這是一句負面的話，但是在這裡我們要想辦法提高這種「左進右出」的能力，不被他人帶有情緒的話語所影響。在對方說話時，你可以表現出傾聽的樣子，但是心裡要記得提醒自己：「他說的這些我都知道，該想想等下要怎麼安慰他。」然後保持平常心，不過分投入對方的談話內容。

＊守住你的原則：在與情緒不佳的人相處時，不論對方說什麼，都不要被他的話語所左右，而是在傾聽之後，在內心有個自己的判斷標準，你可以這樣想：「他說的是當事人的心情，但是我的看法並不一定就要跟他一樣」。

＊同時做兩件事：在對方說話時，不經意地一邊聽，一邊翻翻報紙，或看看窗外，再附和幾句話。如此的「一心二用」就能分散你的注意力，讓聽的內容不完全連貫，但也要注意留心對方的感受。

 立刻離開現場，走為上策

如果當你面對對方時，經過了「一番努力」還難以讓自己逃出他的負面情緒之外，這就表示你的情緒自控力較弱。而想要提高這種免疫力，當然就需要一段時間的「練習」與「習慣」。

如果你面對到難以控制的情況，此時最好的方法就是讓自己暫時遠離這種場合，離開影響你情緒的人。

例如，你可以表明去洗手間，或是去櫃臺加點一杯紅茶，這種舉動也能讓對方暫時從這狀態中脫離，冷靜一下。這能迅速阻斷壞情緒繼續擴張，使你不再持續陷入對方的壞心情裡。

30

管理欲望，追求合理目標

騎著一輛腳踏車，不是保持平衡向前進，就是翻覆在地。

——美國萊特兄弟（Wright brothers）

每個人都有自己的目標或夢想，有的人欲望多、目標遠大；有的人欲望少、目標較小。但無論欲望是強還是弱，目標是大還是小，我們都需要將其合理地控制在一定範圍之內，並透過自己持續的努力（也就是自控力）來實現這些目標。

因為生活中有太多誘惑，無論是金錢、美色、地位、美食等等，幾乎是無處不在。一人之上的地位是誘惑，高薪的職業是誘惑，光環般的名聲更是誘惑，甚至漂亮的時裝、難見的美味佳餚都是一種誘惑。然而面對這些誘惑，我們該何去何從？

在每個人成長的過程中，總是會碰到各種誘惑，人類區別於動物的一個特徵是人類擁有自制力，而自制力就是抵制誘惑的防線，也是良知與理智的監督員。它能約束和督促個人，使其不做想做卻不該做的事，去做該做而不想做的事。

那麼自制力從何而來呢？

它並不是天生的，是每個人在抵制一次次誘惑的過程之中磨練出來的。

在俄羅斯有一家知名的芭蕾舞團，一位資深記者曾去採訪過該劇團的首席女芭蕾舞者。

當記者問她：「妳最喜歡吃的食物是什麼」時，這位身材曼妙的舞者極其興奮地回答：「當然是冰淇淋呀！」記者聽到這個答案時感到非常驚訝，因為冰淇淋的熱量非常高，這是一般人都知道的事情，吃多了只會讓體重失控，對芭蕾舞者來說可是最致命的打擊啊！這怎麼可能呢？

於是，這位記者又追問道：「那麼妳大概多久會讓自己放縱一次呢？」女芭蕾舞者聽了便笑著說：「我至少有十八年沒有吃過那懷念的滋味了呢！」在場的人聽了都不禁瞪大雙眼。

在日常生活中，像冰淇淋這樣的美味誘惑是無所不在的。例如一家公司開出更高的薪水，要你離開已經服務近十年的公司；或者是一份垂手可得的私利，只需要損失一些集體的利益。而且經常地，這些誘惑會讓人特別怦然心動！

但是，所有偉大人物都知道什麼對自己來說是最重要的而什麼又是自己必定要捨棄的，就像霜淇淋一樣，再美味，也必須拒之嘴外！但拒絕這種誘惑和貪念是絕對需要勇氣的。

人不能沒有欲望，沒有欲望就失去了前進的動力，但我們也必須理性地制約自己的欲望，將欲望控制在一定範圍之內，不能使之成為貪欲。由此可見，適當的欲望可以增強人的鬥志、勇氣、熱情和意志力，也能成為推動人們前進的原動力。

而一旦欲望過多，就會成為貪欲之人，在現實生活中，沒有人不希望自己得到名與利、獲得榮譽或成功，但這種榮譽和成功應該是建立在尊重他人的基礎上，而不是只為了自己的私欲，卻放手對他人造成傷害。

因此，真正懂得維護自我尊嚴的人、真正懂得珍惜自己的人，必定

是那些能夠克制貪欲，讓欲望保持在適當的範圍之內，且能合理地追求欲望的人。

就像是在懸崖旁有一堆黃金，很危險，想要得到黃金的話，一伸出腳隨時都有踩空墜落的可能，但如果能拿到黃金，一輩子卻也將衣食無憂。

通常有第一種人是願意面對誘惑，鋌而走險，以僥倖的心理去取黃金的；第二種人則會考慮危險，但還是有想去試試的僥倖心態；然而第三種人則會遠離懸崖，而且是越遠越好，不去想那天上掉下餡餅的機會。

但古往今來，誘惑「引無數英雄競折腰」，克制慾望、抵抗誘惑確實是件不容易的事。

因此，要讓自己保持適當的欲望，矯正「索取與貢獻」、「獲得與付出」的觀念。只有加強個人的理性認知，才可能防止過度的欲望延伸。

如何管理你的欲望

欲望是一種讓人又愛又恨的天性，欲望的滿足可以使人快樂，欲望的無法滿足令人痛苦；欲望使人積極上進，也能使人消沉墮落。

我們需要用強韌的毅力和良好的心理調適來管理自己的欲望。每當出現過度的欲望時，都要多想想：

＊ 每個人的能力都是有限的，不要勉強自己做一些力不從心的事情，過高過遠的目標只會給自己帶來更大的壓力與失望。

＊ 當出現貪欲時，盡快將自己的注意力轉移到其他事情上，以減少對欲望的關注。

＊ 勇敢面對現實，別害怕承認自己的能力有限。如果某些目標達不

到，就坦然地接受，如此比硬撐著浪費時間與精力要輕鬆得多。

時刻保持內心的平衡

許多人會出現焦慮情緒，往往是因為自己的欲望與現實之間產生衝突所致。若本身的欲望太多，而在現實中實現的卻太少，就會令人陷入焦躁的狀態之中。

一個人知道自己努力的方向很重要，但要能知道自己與目標之間的距離更重要。有理想、有目標是好的，但那些不切實際、脫離現實的欲望卻只能是「空中樓閣」。所以，保持合理的欲望，隨時舒緩壓力，才能盡情地邁向成功道路，腳踏實地地追求目標。

對各種選擇學會說不吧！

其實，人這一生最艱難的就是選擇。因為對一件事物的肯定就是對另一件事物的否定，「選擇」就表明你必須放棄一樣。

在魚與熊掌之間，你一定能明白什麼是明智的選擇，但面對人生中大大小小的誘惑，我們也只能做兩件事，一是接受，二是拒絕。

接受了是一種結果，拒絕了是另外一種結果

喜劇大師卓別林（Sir Charles Spencer "Charlie" Chaplin）曾說：「學會說不吧！那樣你的生活將會美好得多。」

運用積極暗示遠離誘惑

富貴不能淫，貧賤不能移，威武不能屈。

——戰國儒家思想家　孟子

人生，是一個漫長卻又短暫的過程，充滿了喜怒哀樂、悲歡離合。而人都有慾望，無論是生理的、心理的，這些充斥著每個人的每一天。然而有欲望就必有誘惑，它們就如攣生兄弟那般形影不離。

面對同樣的誘惑，每個人的際遇與選擇卻是不一樣的，而人生的成敗無非就是看你對誘惑有沒有足夠的定力。當你能誘而不惑時，那是催人向上的好動機，當你誘而被惑時，就會一失足成千古恨。

荀子說：「人生而有欲。」人有七情六慾，有環境、性格、家人、社會等因素造成的不同個性，然而也正是因為有欲望，才會去為之奮鬥，但這不等於受誘惑而不腳踏實地是對的應對方式。

有一個窮困潦倒的青年，每到冬天，他都覺得很難熬，因為他沒有厚暖的衣服，也沒有堅固的房子。因此，他一直非常羨慕那些吃飽穿暖，擁有好房子的人，他認為那樣的生活就像天堂。

一天，他正在修補自己的破舊茅草屋時，忽然，他的面前出現了一位老者，這位老者告訴他，他可以實現青年的所有願望，只要青年站在自己的家門口，默念三次自己的願望，便可以實現了，話才說完，老者便消失了。

青年照老者的話做了。在他一眨眼的時間，他的茅草屋變成了一間

小別墅，他走進房子裡，發現有足夠的衣服，還有許多糧食、美酒，這讓青年高興不已，他覺得自己真的走進了天堂。

青年很知足，從此快樂地生活，就這樣過了一年。

有一天，他經過一個村子，看到一戶人家正在舉辦婚禮，一個男人領著一個貌美如花的女人走進了氣派漂亮的大房子裡，青年看了，覺得非常羨慕，他便鬱悶地想：「為什麼我到現在還是孤家寡人呢？」

於是青年在回家的路上，一直想著那漂亮的女人和大房子，回到自己的家門前，他又默念了三次自己的願望。轉眼之間，青年的小別墅變成了一棟氣派的豪宅，而門口還站著一位年輕貌美的女子。青年高興不已，心想，自己真的死而無憾了。

又過了一年，這青年走在街上，看到一個叱吒風雲的大人物從街上經過，街上的人都讓路給他。他便想著：「哎呀，原來當大人物可以這樣走路有風，我真是太沒用了！」於是，青年又回到家，在門口默念了三次自己的願望，轉眼間他便成為了一位大人物——他所居住地區的最高統治者。

剛開始，大人物的生活讓青年覺得自己很偉大，然而過了一段時間之後，他卻開始苦惱起來，因為作為當地的統治者，他每天都要為人民的生活操勞，忙到深夜，他開始覺得力不從心。

後來，因為他的領導才能不善，人民的生活每況越下，痛苦和自責每天都圍繞著他，他突然開始懷念起從前的生活，雖然那時候並沒有足夠的食物和衣服，但是，總不用受這種精神煎熬。

於是，他又走到了家門前，默念了三次願望。一轉眼，他熟悉的一切都回來了，青年總算鬆了一口氣。

此時那位老者出現了，他對青年說道：「孩子，你要知道，無論你爬上哪座山，在你的前方，總會有更高的山。」

　　亞當夏娃因擋不住蘋果的誘惑，被逐出了伊甸園；和珅因擋不住金錢的誘惑，成了人人唾罵的大貪官；商紂王因擋不住酒池肉林的誘惑失了大好江山；呂布因抵擋不住美女的誘惑，最終落了個英年早逝。

　　但其實誘惑的惡果是自己給的，面對金錢，有視財如命，永不滿足的人，但也有視其如糞土，懂得去分享的人，這只能說明一個人的心態決定其對誘惑的選擇。

　　在世上的確有不少人為了國家、社會的利益拒絕誘惑，實現了自己的人生價值。這是因為誘惑不夠大嗎？不是，他們在誘惑、不安、煩惱中冷靜，在動搖、堅定、平衡中成長，他們能穩固自己的心態，正確處理誘惑與慾望，朝著自己的偉大目標，走那條屬於自己的路。

　　我們要學會拒絕，遠離誘惑，讓它離你而去，如此你就必須增強自己抵禦誘惑的能力。更重要的是，要學會識別判斷的能力，只有這樣，你才能明辨是非，遠離那些將我們引向失敗的誘惑。

用積極的暗示遠離誘惑

　　如果我們經常用一些積極的暗示來告誡自己誘惑的害處，就可以讓自己主動遠離誘惑。

　　＊時刻保持頭腦的清醒，時刻提醒自己：不是什麼事情都能做，也不是什麼東西你都能擁有。

　　＊告訴自己，保持初心別與外界的誘惑較勁，正因誘惑會使人迷失方向，你應該離得越遠越好。

　　＊鼓勵自己，例如「我可以拒絕我不認同的事」、「我不會因為外界的誘惑而放棄」等，這些積極熱情的話語可以不斷地增強我們對誘惑的抵

抗力。

採取有效的行動來抵禦誘惑

要戰勝外界的誘惑，不僅要有積極的心態，還要有積極有效的行動。在確定自己的奮鬥目標後，要在被誘惑征服前就採取行動，不讓誘惑有入侵的機會。你可以：

＊為誘惑你的東西附加障礙，讓它們失去吸引力。例如，在發薪日就先將不必要的開銷預算存起來、切斷網路、關閉郵件訊息的通知功能、拔掉電視插頭等等，因事制宜。

＊在你的欲望變得極其強烈，並開始分散你做事的注意力之前，給予它們基本的滿足。例如，把休閒娛樂安排在待辦事項的第一位，並在這些活動的間隙安插工作。

保持一顆平常心

現實世界中的誘惑太多，許多人也因此變得浮躁、貪婪起來，開始在生活的天平上失衡。如果能夠讓自己保持一顆平常心，就可以抵擋以名或利等各種方式顯現出來的誘惑，堅守自己的目標。那麼，要如何做呢？

＊不要總與他人比較，與人比較的結果只能讓自己心理越來越不平衡，也越來越經不起誘惑。

＊如果要比較，最好是與自己比較，看看自己距離設定的奮鬥目標是不是更近了。只要超越了過去的自我，實現了目標，就要感到滿足與感恩。

自律不難，只是需要練習

書不記，熟讀可記；義不精，細思可精。惟有志不立，直是無著力處。

——南宋理學家　朱熹

人的所有思想、情感、意願等，最終都會透過各種行為表現出來。而一個人所能表現出來的種種行為，並非控制在別人手中，而是掌控在自己手中。可以說，你是自己行為的控制台。而一個人正確控制自己的行為靠的是什麼？靠的就是「自律」。

所謂自律，就是指能管理自我、控制自我、約束自我的能力。一個自律的人，可以做到控制、支配自己的行為，使自身的一切舉止都在自己的掌控之中，也就是本書的重點。

如果我們的行為處於受控狀態，我們的命運就會相應地處於受控狀態，那麼也就等於我們「決定了」自己的命運。相反地，缺乏自律的人，行為經常不受控制，最終也只能被命運控制和捉弄。

你知道嗎？現代人繳費很方便，走一段路到家裡附近的便利商店就可以繳費，夏天還能吹到免錢的冷氣。但你有沒有想過，各大便利商店為何會提供這樣好康的服務呢？這就是要你增加走進商店裡的次數。

一旦你經常走進那扇會發出叮咚聲的門，你就越有可能看到你想要買的商品，無論是吃的還喝的，看到越多花得越多，例如代收費用這項服務對便利商店更是有利無損，還能同時增加店內消費，所以各大便

利商店都積極推出這種便民服務，同時也增加了你不必要支出的可能。
（同理可證ATM也出現在便利商店了。）

那麼如何練習花錢的自律呢？對於大部分領固定薪水的人來說，如果你設定好自動轉帳且預先算好支出，每個月也依投資、教育、玩樂等固定分配到不同功能的帳戶裡，你在領到薪水的同時差不多就知道浮動生活費還能花多少錢。

此時同樣只要把這些錢領出來用信封分裝，或是存到每月的生活帳戶，那麼你的支出上限就清清楚楚。你不需時時刻刻衡量你還要省多少錢，因為你該存下來的錢都在之前就分配好，而你能夠花用的上限也控制住，一種對於消費的踏實感就會產生。

一旦你清楚知道你還能花多少錢時，你對於消費的慾望就會降低，而且因為你的錢幾乎只會花在吃、穿、交通上，所以很容易就可以控管好支出。如果真的看到克制不了想買的物品，你也因為事先存下玩樂費用而花得無負擔。所以你有更多的時間可以研究你的投資或者陪伴家人。

如前述所提及的，簡單就是力量，過多的選擇都是一種浪費，而且使你的自控力降低。因為越多的選擇越容易分心，能依靠的就是你的自律。

由此可見，自律是抵禦外界誘惑的一道防護牆。一個人在一生中會受到很多誘惑，如果缺乏嚴格的自律精神，就很容易迷失方向。

當面對物欲的誘惑時，具有較強自律精神的人不會失去獨立的人格和尊嚴，更不會為這些誘惑而迷失自己。

每個人都可以替自己的成功創造機會，但是，替自己創造機會並不等於不擇手段。若能在處理每件小事時都做到潔身自律，能夠抵擋得住外界的種種誘惑，這才是真正在替自己創造成功的機會。

　　然而缺乏自律且欲望過多的人在面對誘惑時，恐怕貧窮得只剩下貪婪的欲望了。

　　那麼，怎樣才能做到克己自律，抵禦誘惑呢？

在適當的時候約束自己

　　一個面對誘惑卻能自制的人，肯定有著十分成熟的思想，知道該在什麼時候約束自己的行為。這種自律的習慣對於個人的成長來說，具有非常重要的幫助，可以磨礪心志，有助於良好未來的邁進。你可以：

　　＊時刻克制自己的欲望。人的欲望是無窮的，當我們專注於某件事情的時候，應努力摒棄那些私欲、雜念的干擾，做到「無欲則剛」。

　　＊規範自己的言行，認真看待自己說過的話，嚴格約束自己的行為，凡事盡量做到「言行一致」。

　　＊當面對欲望的誘惑時，運用積極暗示調整自己的情緒，以平和的心態對待眼前的一切，練習做到「不為所動」。

透過聯想後果做到自律

　　為了做到自律，便要堅定自己拒絕和抵禦不良誘惑的決心，我們可以聯想自己抗拒不良誘惑的美好未來，同時也可以聯想若無法抗拒不良誘惑的不良後果。

　　透過對比兩種結果，刺激自己的意志力，增強自律的決心。

　　＊當我們管不住自己，就要被欲望所擊敗時，就想一想若拒絕這種不良誘惑的結果會是如何的。例如，拒絕了網路遊戲，就可以多一點時間學習業務知識，盡早在工作上做出成績，獲得加薪和升職的機會。

也可以往相反的方向聯想，例如，如果被網路遊戲誘惑，通宵玩遊戲，第二天上班就會精神不振，導致工作效率低，甚至遭到上司的責罰等等。

 ## 長期堅持，別縱容自己

要養成自律的習慣，抵禦外界的誘惑，不是一朝一夕就可以做到的，而是需要一個長期的過程。因此，要做到自律，首先就要勇敢地面對各方面對自我的一次次挑戰，不要輕易放縱自己，哪怕只是一件微不足道的小事，也要嚴格要求自己。

＊在日常生活中時刻提醒自己要自律，同時也可以有意識地培養自律精神。例如，針對性格上的某些缺點或不良習慣，限定一個時間期限，集中糾正，效果會比較明顯，更可以做為一種功課「練習」。

＊將每天要做的事情列一份清單，每完成一件就劃去一項，工作和學習的時間可以自行掌握。如果覺得有些做不下去了，就休息一下；如果一下子全部做到了，就稍微獎勵一下自己。

＊不論任何時候，都不要給自己找放縱的藉口。累了，可以適當休息放鬆，但絕不能因此放縱。

抒發壓力，減少誘惑吸引力

意志目標不在自然裡存在，而是在生命中蘊藏。

——**日本小說家 武者小路實篤**（Saneatsu Mushanokoji）

什麼是壓力？現代成功學大師拿破崙・希爾（Napoleon Hill）認為：「壓力是身體的一種反應，是身體對一切加之於其上的需求所做出的沒有固定形式的一種反應。」也就是說，不論是心理因素還是物理因素，只要給身體一種負荷，這些因素就會成為壓力的源頭。

事實上，只要我們生活在現實世界中，就必須以一種、甚至多種角色出現在不同人面前或者不同場合之中，如此就會產生壓力。拿破崙・希爾還曾做過一項民意調查，發現有四十三種生活上的事情會給人帶來壓力，例如工作業務、貧困、失業、失戀、疾病等，但綜合起來不外乎事業與感情是主要兩大方面，而且尤為明顯的是事業上造成的壓力。

我們知道，過度的壓力不僅會影響我們的身心健康，還會對我們的生活、事業和學習產生極壞的影響。

同時，心理學家更發現，壓力還會使我們抵禦誘惑的能力降低。例如，一些人在感到煩惱、焦慮時，就會增加對垃圾食品的欲望，吃下大量的高脂肪和高糖食物，結果導致脂肪的堆積；一些人會在壓力較大的情況下，抵禦不住外界燈紅酒綠生活的誘惑，到一些娛樂場所過度放縱，結果越陷越深，最終釀成大錯。

一九七三年三月，舉世聞名的拳王阿里（Muhammad Ali）在一次的拳擊賽中輸給了當時名不見經傳的拳擊手肯‧諾頓（Ken Norton），輿論界一時之間譁然沸騰，人們對阿里的挖苦與諷刺鋪天蓋地，他感受到了前所未有的壓力。

同時一些人也開始擔心這位世界拳王會因此一蹶不振，輝煌不再。但是阿里卻漸不以此擔憂，反而冷靜地分析了比賽的細節，找到了失敗的原因。並且將這次意外的打擊看成前進的動力，堅持不懈、更加刻苦練習。最終在參加洛杉磯舉辦的一次拳擊比賽時，將肯‧諾頓打敗，重新奪回了拳王的頭銜。

生活在現代，每個人或多或少都有自己的壓力，但緩解壓力的方式有很多種，例如前述的運動、唱歌、旅遊等等，都能成為我們放鬆自己的途徑。如果我們的壓力能夠透過這些健康的途徑發洩掉，那麼那些致命的誘惑對我們來說也就算不上什麼了。

「化壓力為動力」，雖然是很多人都知道的事情，但是對我們來說，真的實行起來卻很難。壓力總會讓人們產生恐懼，且多半是我們自行製造的，導致自己的退卻而失敗。

從今天起，就讓壓力轉為動力，只要能找到適當的方法，再大的壓力也不可怕。相反地，壓力越大越能給予我們前進的動力。

這樣做，就對了

投入到壓力之中，全力以赴

在遭遇壓力時，讓人們舉足不前的往往不是壓力本身，而是因壓力而產生的「焦慮情緒」。例如：因為求職時強手如林，擔心自己會被淘

汰，結果還沒努力就先放棄了；因為工作繁重，覺得壓力太大，心情沮喪，焦躁不安，結果本該一天完成的工作，一周還沒有完成；因為男女朋友工作忙碌，許久沒有跟自己聯絡，就思前想後，擔心對方有小三，結果無事生非，自己反倒成了破壞雙方關係的罪魁禍首。

憂慮由壓力引起，而憂慮又使壓力無端擴大，如此的惡性循環最終導致失敗。

可見，是憂慮讓人們失去了動力。如果我們能拋下這種負擔，先付諸行動，全力以赴地找出解決問題的方法，不將壓力當成壓力，不為此浪費精力。如此反而會發現那些壓力並不會對我們造成太大的影響，也就是說，你越是投入其中，越是不在乎壓力，就越能打敗它。

壓力就像彈簧，你弱它就強，你若反攻它，不把它當回事，全力以赴、放手一搏，你就占據了上風。

 ## 從容地面對壓力

在感到有壓力存在時，我們應積極找出壓力的根源所在。如果是因欠缺知識，就要替大腦多充電；如果是人際關係等其他方面的問題，就要向有經驗的人學習。

當然，生活和工作的壓力來源很多，最重要的是要保持一顆堅強、自信的心。當因為壓力而感到心神不寧、精神緊張時，不妨透過一些小方法幫助自己放鬆下來。你可以：

＊運動。在感到有壓力時，運動是有效的放鬆方法之一。不一定要做爬山、長跑等劇烈運動，但你可以花十分鐘的時間做做伸展運動，讓四肢得到舒展。

＊閱讀。閱讀書報是最簡單、消費最低的緩解壓力的方式，不僅有助於遺忘緊張情緒，還能使人增長知識和感到快樂。英國大學研究發現，每天只要閱讀六分鐘，就能減少一半以上的壓力。

＊淋浴。淋浴除了可以緩解緊張的情緒之外，還能消除身心疲勞。將浴室的燈光調暗一點，讓溫熱的水沖刷自己幾分鐘，靜靜地感受疲倦的身體被溫水撫慰的感覺，舒適感會讓暫時忘了壓力。

 調整心態

人的一生中會有很多願望、很多理想，也會在人生的不同階段對自己產生不同的要求。而為了實現這些願望，人們執著地追求，不懈地努力，然而隨著願望和需求的不斷增多，人們的內心深處就會產生越來越大的壓力。

然而，願望和需求是無窮的，人的生命是有限的，如果在追求欲望的過程中不懂得釋放自己，不懂得該放手時就放手，無疑會因心理壓力過大、焦慮情緒過多而將自己累壞，影響身心健康。所以，你需要學會調整心態，釋放自己的壓力：

＊建立正確的為人處事之道，透過不斷學習來提高自己的修養，從而讓自己在挫折面前具有更大的承受能力。

＊當面對壓力時，反覆地對自己說：「這是對我的挑戰和考驗。」、「這是督促我努力工作、積極進取的動力。」用這種樂觀正面的語言暗示自己，調整心態，以將壓力轉化為動力。

敢於面對欲望，善於管理人生

緊驅著他的四輪車到別的星球上去的人，比在泥濘的道路上追蹤蝸牛行跡的人，更容易達到目標。

——美國文學家 愛默生（Ralph Waldo Emerson）

正因為欲望無法擺脫，我們才必須勇於面對欲望，並學習善於管理人生。欲望可以成就一個人，也可以毀掉一個人。你若能正視它、判斷它、駕馭它，那麼它同樣可以給你帶來成功與快樂的機會。

想駕馭人生，首先就要瞭解自己的欲望，因為在不同的人生階段，我們的欲望也會不盡相同。只有根據生存環境和狀態的變化，隨時隨地讓我們的欲望轉變為邁向目標的衝動，才能使欲望成為我們前進的最大助力。

在擔任畢馬威會計師事務所（KPMG）董事長和首席執行官時，五十三歲的尤金・奧凱利（Eugene O, Kelly）正處於人生和事業的巔峰，他的事業蒸蒸日上，家庭幸福美滿，生活上的一切都讓他覺得人生美好。

為此他制訂了一個又一個的實行計畫，例如參加女兒的開學典禮、陪家人旅遊、為職場生涯做再一次的突破……。

但就在一切看來都很順利之時，老天卻開了他一個大玩笑。

二〇〇五年五月，奧凱利被診斷為腦癌末期，醫生表示他的生命只剩三到六個月了。

　　面對這突如其來的改變，奧凱利忽然想起自己多年來日以繼夜地工作，在需要休息的時間，他常常都在工作中度過，以致於忽略了自己的健康。

　　但是，他並沒有因此而沮喪，他立即修改了原有的計畫，用尚存的時間繼續自己的人生。他用生命的最後時光，爭分奪秒地書寫自己對人生的感悟《追逐日光》。

　　在他的書中，他如此寫道：「人生不可以重來，不可以跳過，我們只能選擇以一種最有意義的方式度過：那就是——活在當下，追逐日光！」時間一去不復返，最好的生活品質就是抓住眼前的一切。

　　與其後悔過去，不如專注於當下，即便現實是渺茫的，但只要你能從中看到希望和陽光，那麼生命仍然充滿著各種可能。

　　欲望是一個人成功的發動機，但它同樣也可以摧毀一些意志不堅定、過度自我膨脹的人。很多人分不清正常的欲望與過度的欲望為何，也分不清雄心與野心，於是讓自己最終一敗塗地，使「成功是偶然的，失敗是必然的」的定律不斷上演。

　　可見，有欲望並不可怕，可怕的是不能夠合理地管理欲望，令欲望無限膨脹，使之與一個人所具備的能力無法平衡，因為欲望超過了能力，導致人在追求目標的過程中變成了痛苦的奴隸，被無窮的欲望所摧毀。

　　因此，如果想讓欲望成為激勵我們前進的動力，就要敢於正視它、有能力駕馭它，也就是以自控力駕馭它。

這樣做,就對了

 不誇大自己的能力

我們必須承認,有些時候我們的能力是極其有限的,對許多事情都是無可奈何的。有些人喜愛無限誇大自己的能力,其結果只能是在現實中到處碰壁,並為自己不切實際的欲望付出慘痛的代價。你可以這樣想:

＊人無完人,接受真實的自己,即使自己的能力不夠強大,也不要刻意誇大,如此才能知道自己還欠缺的是什麼。

＊看重自己的優點,改進自己的缺點。尤其是缺點,無論大小,都要正視,也就是別因小缺點而導致嚴重的後果。

＊做自己能力所及之事,不要讓設定的目標超過自己的能力範圍,導致無法完成,徒增自己煩惱。

 明白後悔是來不及的

在生活中,我們常會聽到別人抱怨:「如果當初我沒那樣做,就不會變成現在這樣了」、「要是我那時候注意一點,就不會變成現在很難收拾的局面」、「如果我認真一點唸書,也不至於做這樣的工作。」一切都已經過去了,時間不可能倒轉,人們的願望只不過是個假設。

印度詩人泰戈爾說:「如果錯過太陽時你流了淚,那麼你也將要錯過群星了。」這或許能最好地解釋這個道理。

為過去的事情後悔、難過不已,你不僅白白耗費精力,而且還會錯過眼前的機會,得不償失。

如果你不想讓眼前的機會白白溜走,不想讓自己的精力耗費在過去那些不可改變的事情上。那麼,放下過去一切的不快樂和遺憾,就是現在的你最明智的選擇。

如果你還在為過去自責，那麼現在就停止吧！回過頭，向前看，在現在和未來之中尋找改變的可能。

少一點兒貪欲，多一點兒收獲

貧窮的人希望自己變得富有，低賤的人希望自己變得高貴，默默無聞的人希望自己變得舉世聞名，沒有受過讚譽的人希望得到榮譽……這些都是無可非議的。但是，欲望和能力之間必須維持一種平衡。

如果欲望與能力之間產生嚴重的不協調，那麼不是抑制欲望的膨脹，就是努力增強自己的能力。

世界上美好的東西太多了，我們總是希望得到盡可能多的東西，結果願望反而成為我們的累贅。那不如一開始就讓自己少一點兒貪欲，選擇淡泊一點的生活來得好。

＊學會拿得起放得下，學會知足，這樣就不會因為沒有得到的東西而耿耿於懷，也不會過於計較自己那些不如他人的地方，結果讓自己陷入不快樂之中。

＊提高自身的修養，培養精神世界的追求，這樣不僅能控制住自己對物質的欲望，還能提高自身的品德與素養。

忘記該忘的，改過該改的

有些人認為：後悔的目的在於改過。對過去留有遺憾，對往事存著懺悔，希望現在和未來能彌補傷心的過去，這固然是一種道理。

但是後悔其實只是一剎那的事，你意識到曾經存在的問題，並意識到日後要如何改進它、如何再避免重蹈覆轍，那麼，你後悔的「目的」也就達到了。

既然達成了，那就放下吧！有抱負的人，雖然也常常後悔，但他們不在後悔當中消沉，而在後悔之中「獲得」。

的確如此，只有不深陷過去的悔恨，才能看清前方的路。

那麼，你可以怎麼做呢？

＊遺忘：忘記過去的不愉快，過去的快樂你應該記住，但是不愉快就要隨著時間忘記。

＊總結教訓：什麼原因導致你對過去耿耿於懷？找出癥結，總結教訓，就能提醒未來不再犯錯。

＊如何避免：光後悔是沒有用的，要想想為什麼會得到這樣的結果，你哪裡做的不夠好，今後該如何避免類似的情況再度發生？

＊馬上行動：找到方法之後，你要能馬上執行，不再回首過去，而是要開始行動，以改造未來。

創造輕鬆環境：身心不過勞

成功的秘訣就在於懂得怎樣控制痛苦與快樂這股力量，而不為這股力量所反制。如果你能做到這一點，就能掌握自己的人生，反之，你的人生就無法控制。

——世界著名NLP教練　安東尼・羅賓（Anthony Robbins）

疲勞，讓你憂鬱嗎？日復一日的煩躁工作和生活，磨光了你最初的熱情和夢想嗎？這是一個過分追求「快」的年代，每個人都被時間巨輪追得喘不過氣。

隨著社會節奏的加快，越來越多的人開始覺得身心疲憊，疲勞幾乎成為困擾所有人的現代病。

但是，繃得過緊的弦容易斷，同樣地，沒有時間休息的人，總會找到時間來生病。當你對生活中的一切都感到倦怠時，就是你該休息的時候了。

疲勞，簡而言之就是感覺不舒服，身心疲乏。但是困擾人們的不僅僅於此，真正讓人們痛苦的，還有由疲勞所引發的一連串情緒變化，這些才是真正影響我們生活和工作的元凶。

人們產生的疲勞，大部分都是心理加強影響的結果。事實上，純粹由生理引起的疲勞少之又少。也就是說，在日常生活中，人們的疲勞多半是由精神和情感因素所引起的，此一論證也得到了科學實驗的證明。

日本NEC和三菱（MITSUBISHI）公司的研究員指出，日本的上班族正遭受著「辦公易怒綜合症」的困擾。經常性的長時間工作疲勞、雜亂的辦公桌以及錯誤的坐姿，都是導致這種新都市病發生的主要原因。

在接受調查的兩千人當中，有67%的人表示他們坐在辦公桌前的時間比兩年前增加了；有40%的人說，他們經常因辦公桌上雜亂的紙張和用品而厭煩發怒。另有35%的人說他們正承受著背部和頸椎的疼痛，而且也知道自己的坐姿不正確。

但大多數人沒有注意到的一個事實是，「辦公易怒綜合症」發展得非常快，不需要多久的時間，這些人就可能從老是覺得不舒服當中，發展成慢性病。而這種病有可能終結你的工作，在許多方面影響你的生活品質。

研究人員並建議辦公室族群可以這麼做：

（一）改變坐姿，可以避免身體出現一些不良症狀。

（二）空出一定的時間休息，能減少疲勞帶來的情緒危害。

（三）有規律地休息，不僅能提高工作時的專心度、改善疲勞，還能增加與同事交流的機會。

（四）保持平和的心態，多喝水，保持室內適當的溫度，可以使你的精神更充沛。

疲勞的人常常因為身心疲憊而產生煩躁情緒，又因為眼前的問題一直得不到解決而持續工作，繼而加重負重感和疲勞感，進而使情緒變得更糟糕。結果不斷造成疲勞和情緒的惡性循環，最終使得自己變得十分消極。

可見疲勞是引發自控力低落的一個重要源頭，而消除疲勞將有助於我們維持原先水準的自控力。

是否會導致疲勞，心理狀態很重要。在輕鬆的狀態下，我們很少感

到疲勞，而在緊張的心理狀態下，疲勞便會排山倒海地襲來。可見消除疲勞的關鍵點在於消除緊張。

那麼我們該怎麼做才能減輕疲勞，舒緩緊張不安的情緒呢？

緊張時，停下來休息

疲勞的前兆之一是緊張，當你完全陷入緊張的狀態時，疲勞感往往會以驚人的速度向你襲來。所以當你開始緊張時，最好先暫時停止工作，你需要先休息、放鬆一下，你可以喝咖啡、伸展一下身體，以此暫時切斷自己的緊張情緒。等到緊張感漸漸退去後，再重新投入到工作當中。

當然一個重要的前提是，你應該已經先改善了窮緊張的習慣，否則即便你暫時消除了緊張，但是在重新投入工作之後，你的緊張感又會「應運而生」，這樣會使你在「緊張」→「休息」之間反覆循環，反而更使你的疲勞加劇。

佈置舒適誘人的周遭環境

仔細想想為何書桌前那個位子這麼不吸引你。是座椅書桌不舒服嗎？是光線不良嗎？是沒有充分的工具書嗎？是氣氛不好嗎？試著在書桌附近貼上喜歡的照片，改變光線亮度及來源，換一套舒適的桌椅，買齊工具書，放上你最喜歡的音樂，稍微改變一下，總有辦法讓你一回家就想坐在那個位子的。

因雜亂無章的工作環境會導致工作效率的下降，如果你能將工作空間改變成可以配合做事習慣的新模式，並且在空間當中擺放綠色植物或有趣的擺設等，那麼效果將大為不同，在充滿新鮮感的環境下工作，很容易就能讓你有煥然一新的感受。

留私人時間給自己

工作狂人將所有的時間都奉獻給工作,長時間的精神緊張很容易導致疲勞,更可能引發嚴重後果。就如同一根拉得過緊的橡皮筋,最終的結果是斷裂。

所以工作狂式的工作方式並不值得提倡,不懂得放鬆的人就永遠無法做好工作。

英國前首相邱吉爾(Sir Winston Leonard Spencer Churchill)曾說:「很抱歉,我每天中午都必須像個孩子一樣上床睡覺,醒來以後,我就能一直工作到半夜一兩點,甚至更晚。」

一個短暫的休息就能讓疲憊的狀態得到緩解,即便工作非常繁忙,也要替自己留出一些時間。哪怕半個小時,精神得到放鬆之後,再重新投入工作,效率反而會更高,而高效的工作成果也能讓我們的心情更加愉悅。

 ## 培養一些業餘愛好

工作當然不可能一帆風順,但若以不斷加班的方式來面對工作難題,時間久了就會使人產生疲倦。如果還無法得到什麼實質性的進展,或是還做錯了某些決定,就更容易使你陷入消沉,從而導致工作效率的下降。

這種情況下,如果你能培養一些業餘愛好,在工作之餘做一些自己有興趣的事,便有助於你平衡心理,增加信心,也能為一成不變的工作增添新元素,找回你的工作熱情。

TEXT! 自控力測驗

你是一個淡定的人嗎？

下列各題中，每道問題有2或3個選項，根據你的實際情況選出一個適合的答案。

1. 如果你是一位攝影師，你會最仔細拍攝模特兒的哪個部位 ？

Ⓐ · 五官。　　　　　　　　　　　　　　　　　　　　跳至第2題

Ⓑ · 身材。　　　　　　　　　　　　　　　　　　　　跳至第3題

2. 你會將自己每天的心情和經歷都Po在Facebook上嗎？

Ⓐ · 不會。　　　　　　　　　　　　　　　　　　　　跳至第3題

Ⓑ · 會。　　　　　　　　　　　　　　　　　　　　　跳至第4題

3. 你與另一半一起旅遊時，會選擇哪個地方？

Ⓐ · 都市。　　　　　　　　　　　　　　　　　　　　跳至第4題

Ⓑ · 古蹟。　　　　　　　　　　　　　　　　　　　　跳至第6題

Ⓒ · 海邊。　　　　　　　　　　　　　　　　　　　　跳至第5題

4. 你對自己的文筆有自信嗎？

Ⓐ · 沒有。　　　　　　　　　　　　　　　　　　　　跳至第6題

Ⓑ · 有。　　　　　　　　　　　　　　　　　　　　　跳至第5題

5. 你對烹飪特別感興趣嗎？

Ⓐ · 不是。　　　　　　　　　　　　　　　　　　　　跳至第6題

Ⓑ · 是的。　　　　　　　　　　　　　　　　　　　　跳至第7題

6. 你對一些出人意料的故事特別感興趣嗎？

Ⓐ · 不是。　　　　　　　　　　　　　　　　　　　　跳至第8題

Ⓑ · 是的。　　　　　　　　　　　　　　　　　　　　跳至第7題

7. 假如你住的城市遇到了生化危機，你打算怎麼辦？

Ⓐ · 乾脆變成喪屍算了。　　　　　　　　　　　　　　跳至第8題

B · 躲在屋子裡不出去。 跳至第9題
C · 想辦法逃離這個城市。 跳至第10題

8. 下面哪個場合對你來說比較尷尬？

A · 上台時不小心跌倒。 跳至第9題
B · 在重要的會議上遲到。 跳至第10題

9. 下面兩個故事，你更喜歡哪一個？

A · 超人。 跳至第10題
B · 海的女兒。 答案B

10. 想像一下，你將一塊石頭丟進湖裡，接下來會？

A · 「咚」的一聲之後就安靜了 答案A
B · 泛起微微的漣漪。 答案C
C · 濺起很高的水花。 答案D

測試結果：

A：你是一個很有思想和內涵的人，當遇到困難時，你總是能夠用積極樂觀的心態去面對，並將困難當成是一種幫助自己成長的經歷。

　　你相信「船到橋頭自然直」，不論遇到什麼麻煩，都能夠找到解決的方法，只要你能保持良好的心態，靜觀其變，一切難事都能漸漸突破重圍。

B：你是個堅強的人，但這卻是你自己故意塑造出的外在形象，因此你比常人承受著更多壓力，而內心卻比他人更脆弱。

　　一旦遇到困難，你表面上雖然能夠維持鎮定，但內心其實是驚慌不已的，很容易一直往悲觀的方向思考。雖然如此，你偽裝出來的奮戰精神仍然會讓你選擇去迎頭痛擊，一搏成敗。

C：你是一個眼光很長遠的人，對任何事都能深謀遠慮，也因此隨時都讓自己處於警覺狀態之下。無論發生任何事，你都能考慮到各個方面，做好預備方案，以避免各種閃失。

　　一旦遭遇到困難，早就做好心理準備的你更是非常淡定，並按照先前已經規劃好的預備方案逐一解決。

D：你的心理素質有待加強，因為安於現狀的你平時只顧著享受安逸的日子，卻忽視了會有突發狀況到來的一天。

當危機發生時，你通常會大腦一片空白，不知該如何應對，只能靠著他人的出手相救才能安全度過危機，是非常需要自立更生的類型。「你不能永遠當個孩子等大人來搭救，現在就學著掌控自己的人生吧！」

Chapter 6

積極與堅持是自我控制的前提
摒除逃避念頭

Happier

how to improve your self-control.

能夠聳立不動、堅持正見,以度過難關的人是不多的。

——法國劇作家 雨果

Victor Marie Hugo

36

積極讓你重新充滿力量

只要有堅強的意志力，就自然而然會有能耐、機靈和知識。

——俄國作家　杜斯妥也夫斯基（fyodor dostoevsky）

壓抑，是指心理上感到束縛、沉重、煩悶的消極心態，當對自己過度要求與限制的時候，通常表現為心情沉悶、煩惱不堪、滿腹牢騷，不時還會有股無名之火，似乎對周遭的一切都感到不滿；既不能分享他人的喜悅，也不能分擔他人的憂愁，對他人的喜怒哀樂難以產生共鳴，失去廣泛的興趣，心裡好像有一塊大石頭一樣難以移除，嚴重時甚至會有絕望之感。

而熱情就是一股能加強自控力的動力。一個人如果對生命充滿熱情，便永遠不會被現實的冷漠或困苦所擊倒，更不會敗給自己的自控力不佳，或因命運的挫折而躊躇不前。熱情是戰勝一切的原動力，這就好比汽車的引擎，讓我們擁有勇往直前的力量。

然而來自各方的壓力經常讓人們深感疲憊，熱情在每天生活的奔波之中漸漸耗損。過度的勞累讓人難以抵抗誘惑，使得對大眾而言所謂的自控力問題當然普遍不佳，因此難以應付過度激烈的社會競爭、更容易導致情緒問題的加重。

而要如何來改變這種情況呢？我們不妨藉助積極正面的力量，就能重新讓你點燃熱情，使內心重新充滿活力以掌控自控力。

　　曾著書《人生不設限：我那好得不像話的生命體驗》的作者——澳洲籍的力克・胡哲（Nick Vujicic）他一出生便沒有四肢，只有五趾不全的小腳（醫學上稱其為海豹肢症），沒有任何的醫學解釋。而極度震驚與悲傷的母親，一開始甚至拒絕擁抱他。

　　幸好，力克的父母親是虔誠的基督徒，透過信仰克服了一開始的恐懼和擔憂，抱持著更積極的心態與行動，成為力克健康成長的關鍵角色。他的家人從小就給予力克豐富的愛與鼓勵，將他當一般的孩子養大。

　　在求學的過程中，力克曾經遭受澳洲法律的限制，五度被拒絕進入一般學校就讀，他的母親努力爭取修法，讓力克成為首批進入主流教育體系的身心障礙學生之一。相較於其他小朋友有雙手，力克用腳趾頭和嘴來寫字，但是他的學業成績斐然，屢屢獲選為學生代表。

　　從小，力克就非常樂觀、自信、好動，所有正常小孩的活動，他都想去嘗試。幼年時，他曾經受到同儕排擠和霸凌，力克失望之餘，決定主動和別人當朋友，也因此贏得好人緣，並以無比的勇氣戰勝霸凌。

　　但是青少年時，力克曾經一度放棄希望，甚至嘗試自殺。

　　十五歲時，力克聽了《約翰福音》裡盲人的故事，在那之後，他全然願意將生命奉獻給上帝。因為他領悟到，他的缺憾不是他或父母犯了罪，而是「為了彰顯上帝的作為」，上帝對他另有計畫。

　　這個盲人的故事是說：有一個人一出生就是盲人，耶穌見了他，一旁的人就問耶穌：「為何他天生就是個盲人呢？」耶穌便回答：「這是為了要在他身上顯出神的作為。」，聖經的話帶給力克喜樂與力量，在他心田裡撒下種子。

　　他領悟到，一個人儘管外表健全，但若是內心殘破，這也是毫無意義的。人生充滿了無限的可能，應該要給自己機會創造價值，這體悟讓他立志成為勵志演說家。

他認清了自己所要釐清的重點是：「我是誰？我在這世上的目的為何？」他明白，唯有找到真理，才能得到自由，若沒有通達的智慧，是無法去看透這世間的一切的。

力克讓我們知道，即使面臨世上幾乎所有人都覺得無力的處境，我們還是可以利用這樣的處境，激勵他人。力克是英雄，在大多數人都看不到出路時，他卻替自己找到了機會。

而壓抑的情緒每個人都或多或少有過，長期地壓抑這些不良情緒，就如同大熱天裡堆積柴火一樣，後患無窮。

於心，它讓人緊張煩躁、無心工作；於身，它會帶來諸多疾病。因此，當發現自己為追求更好的目標而產生壓抑情緒時，一定要透過合理的方式釋放出來，讓自己經常保持良好心態，如此也有助於提升自控力的強度。

說到底，壓抑主要還是產生於我們的內心，只要我們能時刻保持樂觀心態，為自己抒解情緒的出口，那麼壓抑的陰影也會自然散去。

很多時候，只要一個明確而有力的信念，就能成為我們點燃熱情的原動力；給自己一個積極正向的自我暗示，就能經常充滿熱情、以勇往直前的狀態迎接每一天。

那麼，在實際生活中我們該怎麼做呢？

 ### 用「當下」自我積極暗示

自我暗示帶有暫態性，如果我們不能讓暗示的內容對當下的我們產生影響和引導，那麼就會失去作用。

例如當我們告訴自己：「將來我要成為一個很有自信的人，我將會成功」，那麼它並不能給予當下的我們力量，這微小的力量幾乎無法讓我們感受到，而且很快就會忘掉。

但如果我們對自己說：「我現在充滿了自信！我現在就想去行動！」那麼這種暗示的力量便會集中於當下的自己，對我們產生強而有力的震撼，使我們迅速得到力量，產生行動上的轉變。

用短句自我積極暗示

使用簡短、有力且內容清晰的句子自我暗示，往往更能在我們身上發揮作用。

這是因為人腦在接受這些信號時，需要一個反應過程，如果說一番哲理性強又冗長的句子，會增加我們大腦和身體的反應時間。

而句子越簡單直接，我們接受得越快，對其印象就越深，也就會更快地付諸行動，迅速達到效果。

根據個人情況選擇積極暗示內容

人各有所好，一個相同的句子，不同的人可能會有不同的反應。一個句子對一個人有效，對另一個人也許就完全沒有用。只有那些能夠給我們自身感覺帶來行動力的句子，才能更有效用。

例如，一個較有自信的人反覆暗示自己要更有自信，這並不能對他形成多大的力量；反之，一個非常自卑的人如果這樣說，則會容易熱血起來。

也就是根據選擇自身情況選擇出最能鼓勵自己、使自己感覺最舒服的句子，才能達到良好的效果。

接受既有現實，再重新「建造」

自我暗示在於為我們提供改變現狀的力量，但這並不意味著要我們否定現實、不接受現狀、抵觸或努力改變自己的感受或情緒。

只有接受現實的存在，才能擁有強烈改變現狀的期望，才會創造新的事物，暗示在於讓我們透過「建造」、「體會」新的事物，從而減輕現實中的感受，直至消失，形成新的觀念。

而不是先消滅、改變或否定現實，否則很容易引起兩者的衝突，而且無法產生任何效果。

 做富有建設性的計畫或工作

壓抑會令人產生厭倦、懶惰的行為，而越是懶於動手做事的人，就越容易產生心理危機。

而為了與自身低落的自控力抗衡（例如懶惰和壓抑），不妨做一些積極而富有建設性的工作，以提升自己的生活積極性。

＊列出行程表，包括讀書、聚餐、學習、休閒等，不論大小事件，都列入其中，並試著認真、專心地去實行。

＊試著主動幫助別人，例如做一些義工工作，重新認識自我與他人的價值。

＊參加課程，也可以開始學習一門外語。只要將自己的注意力投入到一件事情中，隨著經驗的累積，即便是面對具有壓力的環境，心情也能慢慢變得輕鬆。

 正視令你感到壓抑的問題

壓抑的情緒是影響我們身心健康的一大殺手，讓我們記住一件事：每個不愉快的思考，都是放進身體裡的壞東西。

因此，當面對讓我們感到壓抑的事情時，不要逃避，也不要憋在心

裡，要勇敢地正視它，並努力尋找方法消除它，以恢復我們積極健康的心理狀態，才能逐步強化自控力。

＊很多令我們感到壓抑的問題，都是因為我們對過去的事不斷糾結而產生的。如果總是放不下過去的事情，就會不斷地給自己製造壓力，而且越累積越多。因此，最好的辦法是讓自己遺忘，忘記那些曾經發生的負面經驗和影響內心的事情。

＊當自己已不能化解內心的壓抑時，可適當向家人或朋友傾訴，或進行心理諮詢；也可以用寫作的方式，寫下自己的感受，將壓抑的心情傾訴於文字，使感情得到宣洩，幫助自己減輕在強化自制力上的壓力。

37

從困難中看到希望的正面力

只要持續地努力，不懈地奮鬥，就沒有征服不了的東西。

——古羅馬斯多亞學派哲學家　塞內加（Lucius Annaeus Seneca）

印度著名電影演員阿米爾‧罕（Aamir Khan）（演出電影《三個傻瓜》）曾經說過：「生活失去了希望，就不再是生活，它名副其實的名字該是磨難。」

　　人的一生會經歷很多困難，如果能建立正面的人生觀，時刻滿懷希望，那麼任何困難都會變得微不足道，你都能用強大的自控力走到最後。相反地，如果你的人生態度消極，即使生活中處處充滿希望，你仍然看不到，看到的永遠只是悲觀與失望。

　　人生觀是人們對生存的目的、價值和意義的根本看法與態度，其內容包括幸福觀、苦樂觀、生死觀、榮辱觀和戀愛觀等等。

　　正面的人生觀，讓我們能夠肯定自己存在的價值，對未來充滿希望，從而以更好的自控力面對人生的悲喜。每個人都是這個世界上獨一無二的，我們要堅信自己存在的價值，並且穩紮穩打地邁向自己的目標。換句話說，若能從困難之中看到事物的正面之處，那麼如此積極的態度就能決定你的人生走向。

　　有一對雙胞胎兄弟，其中一個孩子個性很樂觀，而另一個孩子個性非常悲觀。他們的父親想送給這對兄弟禮物，看看他們的反應究竟能差異多大，因此父親特別對禮物做了一番選擇。

一天，父親買了一台漂亮的吹泡泡機給悲觀的孩子，而又將那個樂觀的孩子帶到一間堆滿稻草的的倉庫裡。

過了不久，父親看到悲觀的孩子正對著吹泡泡機一臉哀愁的樣子，便問他：「你為什麼不吹泡泡來玩呢？」「我一直吹的話，那很快就會用完泡泡水了，就不能再玩了。」悲觀的孩子呆坐在地上。

父親嘆了一口氣，走到另一個孩子待的堆滿稻草的倉庫裡，卻發現這孩子正興高采烈地在稻草堆裡翻找著什麼。

「你在做什麼？」父親驚訝地問。

「告訴你，爸爸。」孩子得意洋洋地向父親說：「我猜你一定有藏驚喜在這好玩的稻草裡面！」

　　態度積極的人，時時刻刻都能從困境當中看到希望，而態度消極的人看到的只有無盡的悲傷。且態度正面的人還會有更多的勇氣和力量去戰勝困難，自制的力量也會因此而生。

　　其實很多時候，一些事情並不是我們做不到，只是內心消極的情緒在作祟，也就是說，如果我們能夠戰勝情緒，也就能戰勝自控力。

　　發明大王愛迪生曾經嘗試用一千兩百種不同的材料做燈泡的燈絲，但都沒有成功。有人問他：「你已經失敗一千兩百次了，難道還要繼續浪費時間嗎？」但愛迪生並不這樣認為，他自信地說道：「我的成功就在於已經發現了一千兩百種材料不適合做燈絲。」

　　消極人生觀的存在與產生，往往並非是自己的能力或知識不如他人，而是這樣的人經常不用自己的標準來判斷和評價自己，而是喜歡採用別人的「標準」來衡量自己。簡單來說，就是喜歡與他人比較，尤其喜歡用別人的優點、長處來跟自己的短處相比，而忽略了自己的長處所在。

　　這是個再簡單不過的道理，只要我們面對它、解決它，往後遇到困難時就會自然產生正確的思考方式，就能以積極的態度、升級的自控力來

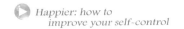
尋找解決問題的方法，主宰自己的人生。

我們來看看具體應該怎麼做：

 飽滿的活力來自於健康的身體

缺乏活力的人，每天起床必定仍是精神不濟，對任何事情都不抱希望。如果能讓自己充滿活力，有充沛的精力，負面情緒就再也無法輕易占領我們的身體了。

也就是說，那些正面的心態都源自於我們健康的身體，所以要能保持活力，就要使你的身體保持健康、有足夠的精力。你應該：

＊每天都要有適度的休息，避免熬夜、飲食營養均衡、適度曬太陽補充維生素**D**，以攝取身體失去的精力。

＊現代人普遍有睡眠障礙，但只要能睡眠充足，心情就能更舒暢，看待事物的方式也會跟著樂觀起來。

＊養成運動習慣可以讓身體血液循環加速，讓體內的各種作用都更加活絡，從而保持充沛的精力。

＊養成健康的飲食習慣，避免不當的減肥方式。許多研究都表明，健康、不過量的飲食習慣能讓人們更長壽，並避免多種癌症的產生。經常食用蔬菜水果、五穀雜糧能讓人的身體不產生過大的負擔，對健康有顯著的益處。

＊遇事沉著，冷靜地處理各種突發狀況。即使做錯了事，也不要過度責備自己，造成自身過大的心理壓力，要想到人人都會有犯錯的時候，這有利於我們保持積極的心態，減輕不必要的心理負擔。

積極心態是一種有源頭之水

我們經常會有這樣的體會：有時候，覺得自己此時此刻的狀態非常有幹勁、做事充滿自信，使得事情的進行相當順利；但有時，又會覺得自己消極懈怠、犯懶，這都是因為積極的態度本來就不是一勞永逸存在的，它是一種有源之水，而這「源頭」，就需要不斷的從生活中、工作上、環境，或者自我的內心裡擷取。你可以：

＊除了每天不斷地告訴自己「我很棒」、「我可以將這件事做好」之外，你還需要養成使用積極語言的習慣，少一點抱怨和自我否定，將你的習慣話語中所有的否定句和疑問句都改成「肯定句」，這將能在潛移默化之中改變你的消極心態，讓你重新養成積極思考的習慣。

＊如果發現自己出現了消極情緒，就要試著將注意力轉變到那些令人快樂的積極情緒上，也就是說，要能在負面中看到希望，這樣就能逐漸淡化消極情緒對你的不良影響。

 別驚訝，樂觀可以傳染

專家說那些肯定、積極、樂觀的情緒都會傳染，如果我們經常接受這些正面情緒，自身的情緒和心態就會逐漸發生轉變。你應該：

＊結交幾個人生觀非常積極、遇事也相當樂觀的朋友，多跟他們說話，他們能將你身上的負面情緒趕跑。

＊多做好事、善事，因為真正的快樂來自付出，只有你經常保持願意付出與感恩他人的心態，才能得到真正的成就感。

＊多清掃工作及生活環境，將那些讓你不愉快的東西都換成令你期待或快樂的文字或圖片。

停止抱怨，你才能邁出步伐

F1車手們應該停止抱怨輪胎，因為最好的車隊仍然能夠贏得比賽。

——法國籍前F1車手　吉・阿雷西（Jean Alesi）

在現實生活中，為什麼喜歡抱怨的人總是認為自己的人生處處不如意、生活總是壓力重重呢？因為他們只看到了自己的付出，沒有看到自己的收穫、甚至認為收穫與自己的付出並不相等。

然而不抱怨的人即使感到沮喪，也不會埋怨生活無望，因為他們知道，失去與獲得總是同在，有得必有失，一想到自己擁有的那麼多，就會感到滿足與感恩。

抱怨其實也是人性的一種，要完全斷絕是很難的。

如果你覺得自己根本無法停止想抱怨的心情，那麼至少應該在抱怨的時候適度地提醒自己：抱怨只是暫時的宣洩、是一種治標方法，但絕不會是治本方法。

香港首富李嘉誠曾說：「停止抱怨，你想過普通的生活，就會遇到普通的挫折；你想過上最好的生活，就一定會遇上最強的傷害。這世界很公平，你想要最好，就一定會給你最痛。能闖過去，你就是贏家，闖不過去，那就乖乖做普通人。所謂成功，並不是看你有多聰明，也不是要你出賣自己，而是看你能否『笑著』渡過難關。」

抱怨雖然是一種情緒的發洩，但它卻不能解決任何問題，反而更放大了負面情緒，使得原本正常的思考方式也產生動搖，陷入負面的惡性循環當中。

在外商工作的喬治，始終對自己的工作十分不滿意。

一次，他又憤恨不平地對自己的朋友說：「我的上司一點都不把人放在眼裡，態度說有多差就有多差，哪天我要離職前一定要對他拍桌大喊老子不幹了！」

朋友聽了，就問他：「你每次抱怨的內容其實都大同小異，你當然可以辭職、省下所有抱怨的時間，但是你對公司的情況完全弄清楚了嗎？對他們做生意的竅門完全搞懂了嗎？」

「並沒有……」喬治想了想說。

「古人說：『君子報仇，十年不晚』。我覺得你應該趁現在好好地把他們做生意的技巧、商業文書和公司的組織情況都弄清楚了，之後再辭職不幹。」朋友這麼建議。

喬治覺得朋友說得很有道理——先將公司當成免費學習的場所，把所有東西都學會之後，再一走了之，這不但能出氣，自己還能收獲更多。自此之後，他在公司裡經常默記偷學，甚至下班後還留在辦公室學習寫商業文書的方法。

這一晃眼一年竟過去了，某天，喬治又與他的朋友見面了。朋友問道：「你現在應該已經偷學得差不多了吧？可以準備拍桌子離職了？」

沒想到，喬治卻紅著臉說：「我發現這一年來，主管竟然對我刮目相看，最近更是對我委以重任，又是升職、又是加薪的，我已經成為公司的老鳥了，所以，好像沒有必要辭職了……」

案例中的喬治，原本是牢騷滿腹的，但在朋友的「建議」之下，他竟然在不知不覺中將抱怨、仇恨化解了，最終更找到了工作上自我的價值。

通常喜歡抱怨的人，都可能很難去意識到：其實那些抱怨都是他們自己一手造成的。

不少人想著「我應該得到什麼」，抱怨公司或老闆「沒有給我什麼」，卻沒有反躬自問：「對於我所從事的工作，我還缺少什麼？可能還應該付出什麼？我做得夠不夠？盡力了嗎？」

抱怨他人的人，總把責任推到別人身上，看不見自己的錯誤和不足，使得抱怨最終都成了不負責任的藉口。

如此一來，人生就會在不斷地抱怨當中喪失很多機會，最終距離目標越來越遠。

沒有人能命令我們去想任何特定的事，神不會這麼做，仇敵也辦不到。你得自己決定心裡要想些什麼，即使仇敵植入了一些負面、沒有建設性的想法在你的腦子裡，也不代表你就得去澆灌、施肥，助長這些想法成長。

你大可把這些負面思想從你的腦袋中移除。我們必須為自己的行為負責，只要我們還一直在找藉口抱怨——抱怨自己出身不好、抱怨大環境差、抱怨認識的人糟、很多事情煩，那麼我們就永遠無法真正得到意志上的自由。

我們必須在相當程度上意識到：我能控制自己的命運。

所以，如果你還有時間抱怨，那麼你就一定有時間將工作做得更好，不妨從現在開始停止抱怨，將抱怨化為抱負，從容地面對生活中的不如意，這樣你才能掌控自己、掌控好運、掌控夢想。

這樣做，就對了

以正確心態對待煩心事

如果想抱怨，生活中的一切都可以成為抱怨的對象；如果不想抱怨，生活中的一切都會美好起來。一味地抱怨不但於事無補，有時還會令

事情變得更糟。

所以，遇到挫折和煩心事時，不如用平和的心態去面對和處理，這時你會驚訝地發現，這些事並沒有那麼糟糕，甚至還能從中得到一些意外的收穫。你該明白的是：

＊一個道理：通往成功的道路不可能是一帆風順的，總會遍布荊棘。

＊客觀地認識自己，找準自己的定位，清楚地認知到自己的職責和價值所在。

＊當遇到麻煩事而心情煩躁時，請記得先閉上嘴，想一想：「我為什麼要生氣？」、「實際情況是怎麼樣？」、「抱怨後的結果是什麼？」先從自己身上找原因，再去思考找到解決問題的方法。

 ### 經常進行自我反省

有些人經常將生活中的不如意掛在嘴邊，總是固執地認為是命運對自己不公。因此，他們的抱怨總是強調外在因素，而未能從主觀因素上尋找不如意的原因。

其實，遇到問題時平心靜氣地正視自己，客觀地反省自己，既是一個人修身養性必備的基本功之一，又是增強個人自控能力的一條重要途徑。

所以，當你有抱怨情緒時，建議你靜下心來，認真地反省一下：

＊在下班的路上，對自己一天的工作進行總結，反省一下當天工作的完成情況，自己在哪些部分上做得還不夠好，在一天當中又有哪些成長……無論對與錯，都先不要抱怨，而要認真思考一天的得失。

＊在夜深人靜的時候，反思一下今天有哪些事情做得有失妥當，在與同事溝通時說錯了哪些話，在明天到來時有哪些可以改進的地方等等，這些都可以助你遠離抱怨，升級自控。

保持空杯心態，塑造自我

一些人經常有抱怨的陋習，這是因為他們的心裡裝了太多的東西，總認為自己的想法才是正確的。

因此，想學到更多的學問，在事業上有所進步，在生活中獲得幸福，就要學會放低自己，將自己當成「一個空杯子」，端正自己的心態，調整好自己的情緒狀態，學會接納與包容各種問題與成長的機會。你需要：

＊能正確評價自我，客觀、公正、全面地看待自己的一切，在成功時不驕傲，在遇到困難和挫折時不抱怨。

＊隨時對自己所擁有的知識和能力進行重整，清空過時的，為儲存新知識、新能力留出空間，不斷累積和更新自己的知識和能力。

＊敢於否定自我，坦然承認自己的不足之處與錯誤，才能不斷成長為更完美的自己。

改善自控力：為選擇負責任

人生因為承擔責任而充實。

——**現任美國總統　歐巴馬**（Barack Hussein Obama）

人生的道路雖然很長，卻崎嶇不平，如果我們常想著自己為家人、朋友或甚至另一半犧牲了很多，但卻不知道這對自己來說是否是一個好的選擇，那麼你就不會願意繼續為其努力下去，因為自控力的強弱都尤關你的意願強大與否。

每個人的一生都經常在做不同的選擇，從讀書、交友、工作、婚姻、小孩等等都是我們在人生路上的不同時間必須做的選擇。

除了出生的家庭、父母我們無法選擇之外，人生必然是你一連串的自我選擇所組成的，不是嗎？

「擇你所愛，愛你所擇」其實這廣泛的說明了你該如何去做一個慎重的決定，以及為你的決定負責。每一個人所選擇出的決定都必須合乎自己的意願，自己做的決定要在將來能無悔無憾，這是很難的，但最重要的是我們必須願意為自己所做的選擇負責，就能以此強化自控力並堅持到最後。

高雄市凱旋國小的校長葉宗文曾寫文章說道：「尊重孩子的選擇，他才會為自己的選擇負責。我們每一個人都是從不斷的選擇和承擔中，才能累積出生命的能量。但中國的父母在『望子成龍、望女成鳳』的期望中，總是處處為孩子安排。結果是孩子折損了選擇的能力，也不願為

自己的行為後果負責。」

「反之。若能在沒有安全顧慮的範圍內，和孩子討論事情的利弊得失，尊重孩子的選擇，讓孩子為自己的選擇負責，才能培養出孩子的責任感。」

「隨著孩子的年紀增長，承擔責任的能力也要隨著增長，責任的給予，是隨著孩子年紀增長遞增的。當孩子還小時，要建立生活自理的能力，慢慢長大獨立的同時，要學習承擔家庭和社會的責任。有擔當的孩子，父母不必為他操煩一生；相對的，孩子不能為自己負責，縱使長大成家立業，也仍然要老邁的父母為他善後。」

「當然，在我們討論如何培養孩子負責態度的同時，也要思考自己的責任是什麼？人生舞台中，每個人都扮演著許多不同的角色，每個角色也都有不同的責任，只要能勇敢承擔，就是自尊自重的表現，也是給孩子最好的身教榜樣。」

記得，這世上沒有人可以為你的選擇負責，只有你自己可以。

人生就是由無數個小選擇題所組成的巨大世界，一旦你做出了選擇，就要承擔後果。

雖然你可能無法知曉這個選擇後面隱藏著什麼樣的結果，但唯一可以確定的是：你必須要承受做出這個選擇的所有後果。

無論面對什麼事，對自己的選擇負責都是非常重要的。責任能促使我們排除那些正在影響我們的負面情緒與干擾狀況，給我們的思想一個正確的方向，使其朝著成功的方向發展，並形成具體的行動，使你願意努力，最終實現目標，這就是負責任能發揮的效果。

因此，能否對自己的選擇負責任，關係到這些事情將在我們身上產生什麼樣的結果。對自己的選擇承擔責任，也就意味著美好的事物即將到來。

　　任何成功都不是唾手可得的。例如在工作當中，正確的選擇決定著工作的成敗，這樣的責任同樣十分重要，當你被工作做不好、缺乏興趣、可能出錯等諸多負面想像包圍時，那些消極的事物也會不斷地向你靠近，使你順勢而為，最終在工作中真的出現了錯誤或導致結果的失敗。

　　唯有對自己的選擇負起責任，才能強化自控力，我們才能在這種想法的作用之下，邁向想望的人生。

這樣做，就對了

別再給自己找藉口

　　一個人要想逃避失敗的責任，就會找出許多藉口。心理學家指出：「有些人一向相信自己的問題是外界環境造成的，這會讓自己得到虛幻的解放。」

　　由此可見，為自己找藉口、推卸責任，這是多麼容易，又是多麼幼稚的啊！與這些人相反，那些成功者與逐夢者總是勇於承擔責任，不替自己找任何藉口。

　　美國歷史上最偉大的總統之一——林肯（Abraham Lincoln）一生遭遇到無數困難與挫折，但卻總能克服這種極其不利的環境，這是因為他從來不責怪他人的緣故。

　　他曾在一八六四年發表的聲明中說道：「我要對所有美國人、對基督、對歷史，以至對上帝負責。」可見，不給自己找藉口，勇敢地對自己的選擇負責，對一個人來說至關重要，因為他便有了不輕易改變的領航目標。

有效發揮自己的強項

　　現代管理學之父彼得‧杜拉克（Peter Ferdinand Drucker）曾說：「不該將時間花費在始終無法提升的能力，應該專注在增進自己的強項」。

　　這是說明「選擇」與「專注力」在管理上有多麼重要的名言，多數人縱然有自己的夢想或目標，但卻不知道要如何選擇，並集中專注力。

　　其實很簡單，那就是去發展個人的優點，發揮個人的實力。也就是說，先找到個人的強項，就是自己做起來很輕鬆愉快的事，例如你很會社交，那麼就在公司裡徹底發揮這個專長吧！如此一來，假以時日你便能明顯拉開與他人之間的距離。

如何摒除想逃避的念頭

立志不堅，終不濟事。

——南宋理學家　朱熹

英國著名的心理治療師溫蒂‧萊登（Windy Dryden）和傑克‧戈登（Jack Gordon）在《情緒健康指南》一書中提出了「生活逃避式想法」這個概念。意思是說：在每個人的潛意識當中，都存在著逃避生活的想法，都認為「生活不可太艱難，如果太艱難就不如逃避算了，我無法為了長遠的幸福而忍受一時之苦」。

事實上，產生逃避的想法歸根就底是因為「缺乏自信」。一項針對某大學選修心理學的學生所做的調查中，有一道問題是「個人最感到困擾的事」，結果顯示，學生們填答「缺乏自信」的人就佔了75%。

我們可以說，畏懼困難、對生活充滿不安和無力感，甚至對自我能力也抱持著懷疑態度的人，幾乎隨處可見。這類人對自己是否具有擔負責任的能力深表疑慮，同時也懷疑自己能否抓住機會，進而順利獲得成就，他們總認為任何事情都不可能順利完成，從而經常忐忑不安，也因此更容易做出逃避的舉動。

可能你已經意識到自己經常有逃避現實的想法。事實上，這種想法在我們每個人小的時候便已經進入了我們的潛意識。

當我們還是小嬰兒時，每天都必須要滿足身體的欲望和需求，例如吃、喝、睡眠等等，如果這些需求滿足不了，我們就無法生存。此時只

要我們有需求，父母就會給予我們無微不至的照顧。

久而久之，在我們的潛意識中就會產生這樣的認知：只要是我們想要的，就必須要能立刻得到。同時，也由於各種不適都會在父母的照顧之下被消除，因此我們的潛意識也會理所當然地認為：痛苦與不適能在一瞬間被舒適與快樂所取代。

這種「需求能被立即滿足」的形式，最終讓嬰兒時期的我們記憶下來。但是當我們漸漸長大之後卻發現，這個世界並不會對我們所有的需求都給予滿足。我們也逐漸認知到現實，那就是想得到自己想要的東西，不僅需要等待，而且還必須要努力工作。

從「需求馬上被滿足」到「需要等待與努力付出才能得到滿足」，這個意識的過程是艱難的，也是我們每個人在成長時都必須經歷到的。

然而遺憾的是，不少人終未能成功地完成此一旅程，他們認為生活太過艱難，無法承受。在這種情緒之下，他們通常會抱怨、拖延，甚至養成了習慣性的逃避。

多數人都是被這種逃避比較不痛苦的想法牽絆住的，其實他們之中的大多數根本沒有必要逃避，只是因為他們不夠相信自己。每個人的人生都會有諸多不如意，如果沒有付出、沒有積極的行動，卻想要獲得成果，這顯然是不可能的。

但如果我們能在遇到困難時，拋卻多餘的恐懼和擔心，勇敢地動起來，朝著自己奮鬥的方向前進。就會發現，原來擋住面前的牆壁並沒有自己想的那麼堅硬，甚至那只是自己內心的投影，我們完全可以突破這道牆壁所帶來的心理障礙。

任何對生命的逃避和退縮都是沒有用的。一位哲人曾說：「生活是困難的，這是一個偉大的真理。它之所以是一個偉大的真理，是因為一旦我們看到這個真理，就能跨越這個真理。一旦我們知道生活是困難的，那

麼它就會變得不再困難。一旦承認這一點，生活是困難的這件事就變得更加無關緊要了。」

同樣地，如果我們能夠勇敢接受「生活本來就是不容易的」這個事實，就能理解、接納自己的反應，也不會再對勇往直前感到恐懼，甚至想要拖延、逃避了。

 正視脆弱，想像解決方法

經常保持積極、自信、樂觀的心態，可以增強我們戰勝生活的信心；相反地，猜疑、恐懼、缺乏自信的內心，會削弱我們的精神能量，讓我們對生活產生逃避的想法。

那麼要如何才能消除逃避困難的想法呢？心理學家認為，主要必須透過提高對事物的認知能力（瞭解目標的難易度），擴大自己的認知視野（收集各方資料），判斷逃避源頭（是否自己能力不足），從而進行個人調整，完善自己的自控力。你可以：

＊將生活中會引起你恐懼、害怕、逃避的各種情況，按由輕到重的順序列成表格，越具體越好，分別抄寫在不同的卡片上，將其中最不會令你逃避的情況放在最前面，最會令你逃避的放在最後面，卡片按順序依次排好。

＊讓自己放鬆，有規律地深呼吸，使身體進入放鬆狀態，然後拿出上述卡片的第一張，想像上面的場景，越逼真越好。

＊如果感到有些不安、緊張和害怕起來，就停下來深呼吸，讓自己再次放鬆。回到原狀之後，重新想像剛才的情景，若還是感到緊張和不安，就再停下來放鬆。如此反覆，直到卡片上描寫的狀況不會令你感到想逃避

為止。

＊按照同樣的方法繼續想像下一個令你想逃避的狀況，並逐一思考你想逃避的原因為何、能解決的方法為何？等等。

＊當想像中的場景不會再令你感到不安或想逃避時，便可在現實生活中按照你所思考的解決方式去做。如果在真實的狀況當中還是會感到不安、緊張，就同樣透過深呼吸來放鬆，直到自己再鼓起勇氣前進為止，使其成為一種習慣。

對工作試著全身心地投入

任何目標都是需要付出艱辛的努力的，沒有誰可以坐享其成。只有如此，才能克服逃避困難的想法。你可以：

＊從簡單的工作做起，要求自己全心全意地投入，專注地進入工作狀態當中。

＊即使你做的是一項自己喜歡的工作，而你對其又有著很高的天賦，也要不斷地學習，充實自己，將工作駕馭得更好，以更增強自控力與自信心。

＊讓自己產生緊迫感。一個人對目標的追求是沒有終點的，越是努力追求，讓自己感受到一些壓力，那麼目標就越容易實現。

堅持是最簡單也最困難的訓練

　　無論是美女的歌聲，還是鬣狗的狂吠；無論是鱷魚的眼淚，還是惡狼的嚎叫，都不能夠使我動搖。

——美國職棒大聯盟投手　查普曼（Albertin Aroldis Chapman de la Cruz）

　　一個人的生命，如果沒有夢想及達成這些夢想的計劃，那麼不管他多麼地努力地做事，都會像一艘失去方向的輪船一樣。因為在這個年代，辛勤的工作和一顆善良的心，是不足以使一個人達到目標的，因為一個人若未在心中確定明確方向，他就不知道自己是否能到達目的地。

　　因此，無論你自認自己有多麼平凡，能力是多麼有限，你都要找出自己真正的夢想，並要全力以赴地去追求這些夢想。唯有如此，你才能真正瞭解自己的價值，實現自己的價值，並證明自己的存在價值。

　　被稱為「新工業之父」的亨利・福特（Henry Ford），年輕時曾是一家電燈公司的普通工人。一天，他突發奇想，要設計一種新型的引擎。於是下班之後，他就回到家裡專心進行引擎的研究工作，並在舊倉庫裡研究了三年，最後讓這個異想天開的玩意兒真的問世了。

　　一八九三年，亨利・福特和他的妻子乘坐著一輛沒有馬拉著的車，在大街上搖搖晃晃地前進，把街上的人都嚇了一跳。從這天起，這部對整個世界都產生深遠影響的新機器，就在亨利・福特的努力之下，寫下了歷史定位。

但是，在實現夢想的過程中，也難免會遭受失敗。這時，就需要我們有一顆淡然的心，以平常心看待追求夢想途中的成功與失敗，既不因一時的成功而驕傲自滿，又不因一時的失敗而妄自菲薄。

來看看另一則故事：

一九一四年，愛迪生（Thomas Alva Edison）的實驗室裡發生了一場火災，約略損失了價值超過兩百萬美元的實驗器材與用品，愛迪生一生中的許多成果都在這場大火中化為灰燼。

在火勢最兇猛的時候，愛迪生的兒子查理斯在濃煙和廢墟中發瘋似地尋找父親，他擔心父親會冒著生命危險去搶救那些實驗器材和用品。然而，查理斯卻忽然發現，父親愛迪生正坐在一旁平靜地看著眼前的熊熊大火，沒有絲毫的慌亂和悲傷。

「查理斯，快去叫你的母親過來，她這輩子恐怕再也看不到這樣的場面了。」當愛迪生發現兒子正在一旁悲傷地看著他時，竟然說出這樣的話。

第二天早晨，愛迪生看著眼前的一片廢墟說道：「災難自有它的價值，瞧，我們以前的所有錯誤、過失都被大火燒得一乾二淨了。感謝上帝，這下我們又可以重頭再來了！」而火災過後不久，愛迪生發明的第一部留聲機就問世了。

從愛迪生的例子可以看出，在這個世界上，任何東西都不能代替堅持。

天賦代替不了，天賦很好但不成功的人比比皆是；教育代替不了，受過良好教育但失敗的人隨處可見。只有堅持和決心才是決定性的關鍵，正所謂「世上無難事，只怕有心人」。

這些道理我們在兒時就已熟知，但在缺乏自控力的情況下，又怎麼能做到堅持不懈呢？多少人在追求目標時，明知道應該堅持下去，最終卻

還是因為缺乏自控力而輕易放棄了？

任何人遇到災難，情緒都會受到影響，但這時一定要能淡然面對。面對成功也是如此，「不以物喜，不以己悲」這種將一切看淡的態度是一種智慧，更是一種「積極」的處世心態。

唯有繼續堅持下去，夢想才會是你的囊中之物。只有你的堅持，才能從發自內心的強大自控力之中得到你想要的一切。

 堅持，對夢想保持熱情

熱情是追求夢想、獲得成功的秘訣，它可以燃起無盡的力量與勇氣。只有充滿熱情地面對追求目標過程中的每一次挑戰，才有可能達到卓越美好的目標。你需要：

＊不斷鼓勵自己接受挑戰，你將會從中獲得全新的動力。

＊勇於為你的夢想冒險，從內心挑戰自我。

＊對於自己所犯的每次錯誤都要認真檢討、改正、調整，只有這樣，才能使障礙成為你前進的墊腳石。

＊隨著年齡和閱歷的增加，你的夢想也許會改變，但不要以為這是缺乏堅持精神的表現，改變夢想並不等於放棄。

＊如果你的夢想是一個長遠的計劃，就將其分成幾個小階段，逐一實現，但要把握好實現每個階段所需的時間。

 堅持，在平凡簡單的生活中實現

在全力追求夢想的途中，我們也要學會讓自己擁有平和的心態，享受平凡而簡單的生活。我們都知道，在追求夢想的過程中，有成功就會有

失敗，有開心就會有失落，幾家歡樂幾家愁。如果我們太看重名與利、欲望和虛榮，那麼夢想對我們而言將永遠是一種壓力，你也將永遠無法真正的放下。記住：

＊雖然我們要努力追求目標，但也不要強迫自己去做過度力不從心的事。過高且不切實際的目標只會給你自己帶來更大的壓力和失望。

＊保持平常心，善待自己，看開一切，凡事不必力求完美，只要盡力了就問心無愧。

＊對於得失，要坦然面對、明智取捨，知道自己該得到什麼，不該得到什麼；該失去什麼，不該失去什麼，這樣才能為你自己減少不必要的焦慮和煩惱。

＊寬容是一種美德、一種溝通方式、更會是一種力量，能夠控制未來事態的發展。寬容的人特別能使自己不容易去計較得失，因此更能對夢想堅持下去。

 相信事情會越來越容易上手

當我們認為一個難題在未來仍然會持續困擾我們時，絕望及放棄會在不知不覺之中擊敗我們。要對付這種負面情緒，你只要想想這些困難是隨著練習而逐漸減少的，今天的困難在幾個月、幾個禮拜、甚至幾天後將不會再困擾你。

多跟嚴以律己的朋友來往

人們應該彼此容忍，每個人都有弱點，在最薄弱的方面，每一個人都能被切割搗碎。

——**英國詩人　濟慈**（John Keats）

「人之初，性本善。性相近，習相遠。」我們耳熟能詳的三字經如此說。

人剛出生的時候天性本是善良的，人們的性情也很相近，但是因為習染不同就會變得相差的很遠。

而在世風日下的現代人類社會中，為了不使自己誤交損友、沾染不好的習慣，交友與擇鄰也應懂得「近朱者赤，近墨者黑」的道理。

結交一個道德高尚的好人當朋友，我們就能獲得人格的薰陶與道德的感召，自然是受益無窮。相反地，如果結交到道德低劣、不學無術的人作朋友，那麼就有可能在損友處受到意想不到的牽連和傷害，甚至誤上賊船，無可救藥。

現代父母教養子女的最大問題也同樣在此，我們常常聽到在有些孩子闖禍之後，父母甚至親友都會跳出來說：「我們家孩子很乖，是不小心交了壞朋友才被帶壞的。」彷彿千錯萬錯，都是朋友的錯，自己都沒錯。誰叫它被冠上了「近朱者赤，近墨者黑」千古不變的定律。

「孟母三遷」是古代有名的故事。就是現代，人們在搬家時，也無不事先探聽周圍鄰居各方面的情況。

至於孟母為何三遷，大家又為何如此關心周圍的環境，理由很簡單，因為懂得「近朱者赤，近墨者黑」的道理。

宋代歐陽修是著名的文學家、史學家和政治家，他在文學上取得了卓越的成就，創作了大量優秀的散文和詩詞。尤其是他的散文，簡潔流暢，豐富生動，富於感染力。當歐陽修在潁州府當長官的時候，有位名叫呂公著的年輕人在他的手下當行政助理。

有一次，歐陽修的朋友范仲淹路過潁州，順便拜訪歐陽修。歐陽修熱情招待，並請呂公著作陪敘話。

談話間，范仲淹對呂公著說：「近朱者赤，近墨者黑。你在歐陽修身邊做事，真是太好了。應當多向他請教作文寫詩的技巧。」呂公著點頭稱是。後來，在歐陽修的言傳身教下，呂公著的寫作能力果然提高得很快，表現也更加優秀了。

「近朱者赤，近墨者黑」一語源自晉・傅玄《太子少傅箴》，原文中說：「故近朱者赤，近墨者黑；聲和則響清，形正則影直。」意思是說，靠著朱砂的物品會逐漸變紅，靠著墨物品會逐漸的變黑。比喻接近好人可以使人學好，可以見賢思齊；而接近壞人則很容易使人變壞。

生活的環境就如同一個大染缸，會將形形色色的人同化於其中。一個人處在修心重德、正氣的環境中，他就會受到身邊人們的言行教化，自覺的約束自己，使自己不斷的進步；相反地，一個人處在道德頹廢、弄虛作假的環境中，他也會受到身邊消極觀念的影響，使其正邪不分，隨波逐流。

「親賢臣，遠小人，此先漢所以興隆也」此語是諸葛亮在〈出師表〉中的一句格言。王朝的興衰自有天數所定，但如果從人為的因素來

講，親近什麼人與疏遠什麼人也能促成不同的因果關係。

敬神敬天、親近修道與學佛的修煉人，就能種下修煉的機緣；幫助或保護修煉的人就能積大功德而得福報；與壞人為伍的人其結果也將不言自明。

這樣做，就對了

目標應與你的才智與處境相符合

自控力培養的方式應該是，不斷地向自己證明，自己一定能夠達成想要完成的事，同時也要一次次地向自己保證，自己能夠順利地完成目標。

表而要有效提高成功率的方法，除了自控力之外，也要惦惦自己的斤兩，你想做的事，應當是與你的才智與處境相符的抱負，因為沒有一種自控力能夠使人完成不可能的任務。

覺察目標背後的價值觀

達成目標最讓你快樂的部分是什麼？假如想要存錢買車子，也許你想要的不是車子，而是屬於自己的娛樂空間。要決定一個能夠充實自己的目標，應該先深思目標背後的動機和價值觀。

例如，願望是「考上公務員」，動機或許會是「公務員是鐵飯碗」和「考不上會辜負家人的期待」。訂定目標時，試著深究願望背後所隱藏的價值觀，深入思考自己的動機，並一一記錄下來，看看是否會讓自己感到不安、矛盾。

矛盾時，就學習轉化價值觀，某些負面的觀點像是「沒考上名校，以後沒前途」就可以擱置一旁不管，光是能夠改掉一些觀念，唸書就不那麼辛苦，反而可以順其自然地走自己的路。

寫上目標，找個可以嚴厲監督你的「導師」

寫下奮鬥目標貼在各個明顯處，仔細想想是不是自己太放縱自己了，是不是偶爾奮鬥目標還是會被自己的惰性所遮蓋？你需要的是明顯的座右銘。例如書桌前、書包上、書的封面、廁所裡、筆管上，都可以是你書寫黏貼提醒自己的標語的好地方。

除此之外，請你務必找個能監督你的導師，因為你越常追蹤某件事的進度，且請他人協助你追蹤，也就是監督你，就越有可能完成目標。

你的寬容度有多強？

下列各題中，每道問題有4個選項，根據你的實際情況選出一個適合的答案。　　　　　　　　　　　將各題得分相加，算出總分。

1. 當與你自己意見不一致的人在場時，就會覺得心情不好。

Ⓐ·很同意，我不喜歡與自己意見不一致的人。　　　　　　　　　0分
Ⓑ·普通同意，有時我不太喜歡提出其他意見的人。　　　　　　　1分
Ⓒ·有點不同意，應該允許有不同的聲音。　　　　　　　　　　　2分
Ⓓ·很不同意，有不同的意見才能進步。　　　　　　　　　　　　3分

2. 公司的人事部門不應該雇用有前科的人。

Ⓐ·很同意，有前科就説明這個人人品有問題。　　　　　　　　　0分
Ⓑ·普通同意，畢竟這樣的人有一段不太光彩的過去。　　　　　　1分
Ⓒ·有點不同意，過去應該不能代表現在和未來。　　　　　　　　2分
Ⓓ·很不同意，不要總是盯著別人的不足，應該試看看別人的優點。　3分

3. 為了讓不聽話的孩子學習服從，一定要經常處罰他。

Ⓐ·很同意，一定要讓孩子記住教訓，這樣他才能聽話。　　　　　0分
Ⓑ·普通同意，偶爾處罰一下，對孩子也有好處。　　　　　　　　1分
Ⓒ·有點不同意，引導和教育可能比粗暴的處罰更有效。　　　　　2分
Ⓓ·很不同意，粗暴的處罰只會讓情況更糟。　　　　　　　　　　3分

4. 如果有可能，盡量避免與自己意見不同的人談話。

Ⓐ·很同意，道不同不相為謀。　　　　　　　　　　　　　　　　0分
Ⓑ·普通同意，應該盡量避免矛盾。　　　　　　　　　　　　　　1分
Ⓒ·有點不同意，有時別人的意見不一定就是錯的。　　　　　　　2分
Ⓓ·很不同意，只有互相溝通交流，才能一起進步。　　　　　　　3分

5. 住公寓的人不應該養貓、狗等寵物。

Ⓐ·很同意，公寓是人住的，不是動物住的。　　　　　　　　　　0分
Ⓑ·普通同意，養寵物有時會破壞公寓的環境。　　　　　　　　　1分

C・有點不同意，只要注意衛生，養寵物也不是不可以。　　　　**2分**

D・很不同意，每個人都有飼養寵物的自由。　　　　**3分**

6. 制訂休假計劃時，不必考慮小孩子的意見。

A・很同意，小孩子只要服從就行了。　　　　**0分**

B・普通同意，小孩子的意見有時過於幼稚。　　　　**1分**

C・有點不同意，小孩子的願望有時應該滿足。　　　　**2分**

D・很不同意，小孩子也是家庭成員，有權提出意見，所以應該考慮。　　　　**3分**

7. 覺得傾聽與自己意見相反的見解是一件困難的事。

A・很同意，絕對不能允許不同於自己的見解出現。　　　　**0分**

B・普通同意，比較難以接受他人的見解。　　　　**1分**

C・有點不同意，有時聽聽別人的意見也沒壞處。　　　　**2分**

D・很不同意，只有集思廣益，才能將工作做得更好，讓自己收獲更多。　　　　**3分**

8. 半夜被鄰居家嬰兒的哭聲吵醒，感到異常憤怒。

A・很同意，很討厭美夢被別人吵醒。　　　　**0分**

B・普通同意，畢竟被吵醒是一件讓人不是太開心的事。　　　　**1分**

C・有點不同意，應該要寬容一點。　　　　**2分**

D・很不同意，嬰兒不是故意要吵醒人的，不能過分計較。　　　　**3分**

9. 女性與男性喝等量的酒不太好。

A・很同意，女性不要喝酒。　　　　**0分**

B・普通同意，女性喝太多酒不太雅觀。　　　　**1分**

C・有點不同意，在特殊的場合，女性也可以喝點酒。　　　　**2分**

D・很不同意，男女平等，女性完全可以盡情喝酒。　　　　**3分**

10. 「說過一次謊，別人就不會再相信你。」這句話說得沒錯。

A・很同意，所有的謊言都是要付出代價的。　　　　**0分**

B・普通同意，畢竟說謊是不對的。　　　　**1分**

C・有點不同意，誰都會偶爾說點謊，何必那麼計較。　　　　**2分**

D・很不同意，說一次謊並不代表永遠說謊，不能這樣武斷。　　　　**3分**

測試結果：

24～30分：你的寬容度非常強，不在乎別人的意見和自己的不同，能夠容忍很多偏激的意見，也因此能夠有更多成長的機會。在社交關係中人緣也不錯，請務必好好掌握住有幫助的人脈。

16～23分：你的寬容度基本上還不錯，能夠理解與自己的想法不同的意見，一般來說不會對他人產生偏見，願意敞開心胸接受新趨勢，但對方若表達的立場或說法過於偏激，你便會在內心否決對方。

8～15分：你的寬容度很一般，偶爾不太能接受不同的聲音與想法，對一些新趨勢和新思想有時會抱持著質疑態度，基本上要他人能說服你，你才能夠接納對方。但其實多知道一些新東西對你來說也無傷大雅，何必過於嚴厲呢？

0～7分：你的寬容度非常差，幾乎沒什麼能容忍他人意見的空間，經常排斥與自己不同的意見，希望所有人都與自己的想法一致，甚至會厭惡與你持反對意見的人。相信你自己也感受到，正因你個人的主觀太過強勢，要注意日後沒有人想對你說真心話。

Chapter

7

掌 控 自 我 ， 做 工 作 達 人
工作中自控力的運用

Happier

how to improve
your self-control.

人在意志力和競爭方面的長處或短處，往往是導致他們成功或
失敗的重要原因之一。

——英國作家 湯瑪斯·哈代

Thomas Hardy

43

自控就是為目標早做準備

在任何極端惡劣的環境裡，人們都會擁有一種最後的自由，那就是選擇自己態度的自由。

——猶太裔心理學家　維克多・弗蘭克（Viktor E. Frankl）

心理學家研究發現，人們之所以會陷入一種自卑的情緒中而痛苦不堪，是因為他們具有人類性格之中最顯著的弱點，即看不見自己的價值。在他們看來，成功是一件艱難的事，認為這條路需要付出巨大的代價……。

於是，在這個過程中，有些人就會有意無意地強調自己的缺點，弱化自己的價值，認為自己處處不如別人，與別人根本沒辦法比，因為自己的專注力特別差。殊不知，就是這種自我貶低令人自卑，也更容易導致失敗。

「如果能夠再重新來一次，我不會……」、「如果我再年輕個幾年，就能……」相信在你我的生命中一定不時會發出這樣的感嘆，無論是在事業、感情、親情上，只因當時沒有準備完善的計劃、思慮也不夠周詳，而讓現在的自己悔不當初，也許我們當下已經錯過了許多機會而不自知。

如果，我們能在付諸行動前就先在「」（括號）裡寫下「我要、我能、我希望、我最好怎麼去做……」相信在往後的人生就能有效地避免造成過多的遺憾了，而且所謂的自控力其實就是一種——提早為目標做準備的行動。

　　許多人認為，「目標」只是各個階段的「終點」，它並不具有更深層的意義。可是，「目標」其實是一切基礎行動的動力所在，更是決定階段性目標能夠一一實現的關鍵定位。

　　你應該要替自己的人生規劃出「目標三年更新」的方案，每個人都需要良好的規劃，不能盲目努力。

　　有的人只知道努力工作，但是沒有規劃，這樣沒有目標地工作，就算你再勤奮也沒有用，而且五年、十年過後，你或許會發現你還在原地踏步；有些人雖然規劃，但是不去實行也派不上用場，就更不用提自控力如何派上用場了。

　　作為創業者的楷模，馬雲就是一個很懂得堅持自身價值的人，而且他還懂得透過努力，將自己的價值不斷地發揮出來。

　　在創立阿里巴巴集團時，與馬雲一起創業的只有十八個有激情、有理想的年輕人，他們懷抱著創建一家偉大公司的夢想，聚集在一起，用手中僅有的五十萬元作為事業的資金。年輕的團隊容易產生熱情，但也容易因遭遇挫折而失去熱情，尤其是要做一件從未有人做過的事，所面臨的難度會更大，出乎意料的困難也更多。

　　在創業之前，馬雲提出的口號是：「做一家中國人創辦的全世界最好的公司。」任何一個創業者首次創業時的夢想都是美麗的，但馬雲的創業之路走得也並不順利。他不止一次被人當成騙子，受人質疑。然而，馬雲卻從來沒有懷疑過自己。

　　「因為我知道我看見了這個東西，我太想做一樣東西了！很多年輕人是晚上想出千條路，早上起來走原路。中國人創業，關鍵不是你是否有出色的想法、理想、夢想，而是你是不是願意為此付出一切代價，全力以赴地去做，去證明它是對的。」

　　正是基於這種觀念，雖然創業初期遭遇了許多困難和挫折，他卻始終沒有放棄自己的追求，始終還在努力實現自身的價值。

　　在電子商務這條道路上，阿里巴巴要走的路還很長。對此，馬雲說：「放棄很容易，但我們絕不會放棄我們第一天的夢想。」

　　一個人的價值，不在於外界的評價，而在於我們給自己的評價。如果我們能夠始終堅持自己的價值，接納自己的缺點，並不斷在挫折中磨練自己，給自己成長的空間，那麼我們每個人都將可以成為下一位逐夢成功者。

這樣做，就對了

選擇自己最擅長的工作

　　對於一個人來說，從事不同的職業會展露出不同的價值，因為每個人都有自己喜歡、擅長的工作，也有著不同的天賦。而選擇自己具有天賦、擅長的工作，不僅做起來得心應手，還能發掘出自己更多的內在潛力，體現自我價值。你需要：

　　＊仔細權衡自己的優點和不足，選擇適合自己的職業方向和適合自己的工作。

　　＊不要過於在意別人的建議，只聽從自己內心的聲音。

　　＊認清自己的專長和喜好，盡量選擇既喜歡、又比較擅長的工作。

　　＊在工作中，不要三心二意，既然選擇了，就要投入全部的精力，用極大的熱情、極強的實踐力，展現自己的內在價值。

設立目標時該考慮的因素

　　你不妨可以先問問自己：「我想得到什麼？」也就是你自己的願望

清單。也許有「我要努力工作盡情享樂」、「我想要累積經驗跳槽到大公司」、「我想要還完我的卡債或就學貸款」、「我想要存一筆錢之後環遊世界」、「我想要擁有自己的房子」、「我想買一部車上下班」……

　　無論是個人的、家庭的、金錢的、精神上的、單純的享樂等方面，仔細想想你最需要、最想得到的是什麼，明確地條列下來，並且依個人狀況及預定達成順序排定，那麼，這就是你的短程目標了。

三年左右就要修正目標

　　你應該要為自己更新規劃，並且是三年左右就訂一個新目標，這是一個比較合理的範圍。如果訂得太久，你會看不到自己的未來，如果是三年，你就可以明顯看得到雛形，只要你努力，相信離目標只會越來越近。

　　你的目標要很確實，以下可作為參考：

　　＊規劃重點：不斷地更新明確的階段性目標來落實人生願景。

　　＊舉例（工作）：當你想跳槽而面臨抉擇時，請確立你的職業願景和三年後的職業目標，然後比較哪一份工作更能讓你實現階段性目標，而並非只是思考兩份薪資福利的好壞。

　　不斷的更新階段性目標去實現，是掌握人生的必要條件，而非充分條件。並不是當你規劃了、落實了，就一定能成功；反之，不規劃、不思考、不行動，那麼就連成功的機會都沒有。

　　我們要做的，是為自己確立一個不動搖的人生願景，然後根據這個願景，因應實際情況，制定一至三年的短期目標來實現，這才是最可能達成的做法。

三思而後行，省時又省力

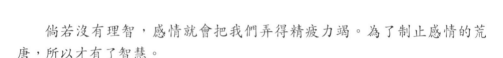

倘若沒有理智，感情就會把我們弄得精疲力竭。為了制止感情的荒唐，所以才有了智慧。

——英國劇作家　威廉‧莎士比亞（William Shakespeare）

歷史上，有許多平庸者成功而聰明人卻反而失敗的例子，這一直是令人感到十分吊詭的事。人們不解的是：為什麼許多成功的人資質平平，但卻取得了遠超過他們實際能力的成就；然而有些能力超群、才華橫溢的人，處事卻毫無目標，導致最終一事無成？

也因此，有句俗語說：「學源於思，思源於疑」，質疑是創新的不竭動力，也是進步的開始。我們都應該養成隨時質疑的思考模式，避免輕易地認為那些看來理所當然的事情都是正確的。

相反地，有些本來能力超群的人，卻總是自以為了不起，整日沈迷於自我享受，缺乏自控力，抵禦不住外界的誘惑，做事也往往有始無終。

我們說這樣的態度，又如何能獲得成功之神的眷顧呢？

理查茲（Theodore William Richards）是美國著名的化學家，是哈佛創立以來最年輕的博士，也是美國第一個得到諾貝爾化學獎的人，他被人們稱之為「測定原子量專家」。

理查茲從不迷信權威，他對以前的原子量提出質疑，並改進了測試方法，重新精確核定了六十多種元素的原子量，並對鉛的同位素進行了研究。

　　他除了在哈佛大學任教之外，還兼任吉布斯（Walcott Gibbs）研究所所長，曾兩次被選為美國化學會會長。此外，他更是一個以善教聞名的教授，培養了許多有名的物理化學家。

　　在這些榮譽的背後，我們不能忽視的是查理茲不斷地思考、抱持懷疑，並持續地尋找解決問題的方法的自控力與努力。

　　他同時也是一位手巧且實驗技術高超的化學家。理查茲的學術生涯都致力於更精確地測試如原子量、表面張力、能量變化、電化學數據等基本自然常數，以驗證某些自然規律，以求對自然奧祕有更深入的瞭解。

　　理查茲總認為自然界所表現出的某些不均勻、不規律的異常現象，就像是一個裂縫，而我們從裂縫中進行研究，就更容易接近事物的本質。

　　他在研究上總是精益求精，在他發表的約三百篇的論文當中，他往往一而再，再而三地重新校驗前人（也包括自己）的研究結果，充分表現出了他不懈追求真相的精神。理查茲在工作中總是抱持著十分嚴謹的態度，對測試的每一個細節都必然有細心的審視。

　　他將自己從事精密化學研究的經驗總結在《精密化學研究方法》一書中，在書中他清楚地指出從事精密研究的人應該遵循的方法和需要注意的事項。

　　他強調人們不應滿足於現有的試驗方法與科學理論，對實驗的每一步驟都應該抱有問號，盡量避免每一種會造成誤差的可能性，並且要有無限的耐心，只有經過持續不懈的努力才能得知最終的真相。

　　若我們能培養起提出質疑的能力，那麼許多看似困難的問題也就能迎刃而解。

　　而理查茲就是突破了前面無數人的優秀表現的「束縛」之後，保持

著先思考，再質疑的做法，才能發現更精確地測量原子量的方法。這也就是我們所說的「三思而後行」。

在行動之前先仔細思考，比較出最省時省力的解決方法，這才是最有效的方式，也是我們都該學會的處事方法。

成功者最基本的素質，就是對事業充滿了執著與熱愛，對工作全情投入。只有深深的迷戀和高度的專注，才能讓一個人不斷堅持自己的夢想，創造出前所未有的成就。

而且，一個人只有在專注的工作中，才能不斷地加強自己的自控力。

因為面對外界紛繁複雜的誘惑，面對追求成功途中的種種挫折，這股在專注的工作中建立起來的強有力的自控力，完全可以讓他們保持足夠的定力，始終執著如一，從而堅持走自己的路，追求自己的目標，直至成功。

學習獨立思考的能力，再堅持

我們說，獨立思考和解決問題的能力是目前社會最欠缺的能力之一，人們總是人云亦云，容易受到媒體操控。那些從電視上看到的、報紙上看到的資訊都是單方面「餵養」給視聽者的情報，並非全然是真相，所謂的「媒體亂象」，經常也等同於「社會亂源」。

也因此，在資訊如此爆炸的年代，如不能擁有獨立思考的能力，就很容易隨聲附和，盲從跟隨，甚至隨之渲染起舞。

雖然世間事的是非曲直自有公論，但現在世人還是人云亦云的居多，這就是缺乏獨立思考能力所造成的立場偏頗。

台積電董事長張忠謀在接受天下雜誌訪問時，也曾表示當他在哈佛及麻省理工學院唸書時，都學到了兩種重要的能力，一是懂得並養成如何學習，二是學會了獨立思考的習慣與方法。

他更說明：「方法是要有紀律、有系統、有計劃。系統是指一套一套的學問，並不是今天看一點小說，明天看一點歷史，後天看一點藝術，

這是隨興、沒有系統的學習，效果很低。至於有紀律，就是每天看。獨立思考要有知識基礎，基礎則是隨著終身學習慢慢建立起來，累積思考的材料。對所有的書籍、資料，也要發展『合理的懷疑』，因為沒有一個人講的話是完全正確的，所謂『盡信書不如無書』，我們必須保持獨立思考、自行研判的清醒。」

如果年輕人能及早建立起有目標、有系統、有紀律的終身學習習慣，那麼即便在畢業之後的日子裡，依舊能持續成長，保持一顆尋找真相的心。

培養獨立思考的能力能讓我們重新產生一探究竟的好奇心與不達目的絕不甘休的決心。

如果一個人只接收他人思考過、整理過的資訊，那麼最好的理解結果也就是他人所能達到的程度而已，但如果你能習慣對一件事獨立思考，那麼就能產生更多的「你自己的發現」，也不至於被「洗腦」了，更能知道自己在做什麼，並堅持下去。

 反省，造就你的持續進步

一個人之所以能夠不斷地進步，在於他能夠不斷地自我反省，找到自己的缺點或不足之處，接著修正它，不斷地如此循環才能逐漸減少犯下的錯誤次數。

英國著名小說家狄更斯（Charles John Huffam Dickens）的作品非常出色，但是他始終對自己的作品有一個鋼鐵般的原則，那就是「沒有認

真檢查過的作品，絕不輕易發表」。

　　每天，狄更斯會把寫好的內容讀一遍，然後修改，周而復始，直到六個月之後才發表作品。

　　無獨有偶的是，法國小說家巴爾扎克（Honoré de Balzac）也會在寫完小說之後，花上一段時間不斷地修改，直到最後定稿。這個過程往往需要花費幾個月，甚至幾年的時間。

　　而正是這種不斷自我反省、持續修正的態度，讓這兩位作家取得了非凡的成就。

　　一個善於自我反省的人，往往能夠發現自己的優缺點，並能揚長避短，發揮自己的最大潛能；而一個從不實行自我反省的人，則會一次又一次地犯同樣的錯誤，浪費短暫人生的大好時間與精力。若你要提升的是自控力，那麼該浪費那麼多時間嗎？

45

壓力擊不退強大的自控力

誰有歷經千辛萬苦的意志，誰就能達到任何目的。

——印度-希臘王國國王　彌蘭陀王

在我們身邊，經常會有一些人感嘆自己懷才不遇，不是覺得職位低，就是覺得薪水少，每天都是滿腹牢騷、自怨自艾，或者對他人指責批評，顯出一副抑鬱不得志的樣子。

客觀地說，對現狀不滿未必是一件壞事，因為這可以督促你更加努力地工作，尋求進步的方法。但若這種心態過強，就多了些怨天尤人的成分，也就會產生「懷才不遇」的心態。這樣一來，這種情緒不但不會促進自己進步，反而還會嚴重地影響你的潛能發揮。

中國女孩朱成在二○○六年五月當選為哈佛研究院學生會主席，此消息轟動哈佛，而這也是哈佛史上第一位中國籍學生出任此一職位。

朱成剛上初中的時候，有一天她對父母說：「給我買一台打字機吧。學校要舉辦打字考試，如果成績優秀，還能得到教育部頒發的合格證書呢。」

父母問朱成：「什麼時候考試呢？」

「十五天之後。」朱成回答。

朱成的父母很吃驚，因為她從來沒有打過字，於是他們勸她放棄考試，畢竟只有十五天的時間，希望很渺茫。但是朱成卻堅持要參加考試，她告訴父母：「我一定可以的。」

於是，父母只好當天就趕緊買給她一台打字機，一吃完飯，朱成便開始練習起來。睡覺的時間到了，她還在那裡專心地敲著鍵盤。隨後的十幾天裡，朱成只要一回到家，就直奔到打字機前，打到指尖上起了或大或小的水泡。

那十五天裡，劈劈啪啪的打字聲成了朱成家裡唯一的聲音。後來，朱成去參加了考試，並順利地過關，成為全校拿到證書僅有的兩個學生之一。

在時間緊迫、任務不熟悉的壓力之下，朱成不斷告訴自己：「一定可以」，這激發出了她自己的潛能，最終達成了目標。激勵自己從來就不是自我陶醉，而是為了在壓力之下更加爆發出自己的能力。

我們說能不斷激勵自己前進的人一定是強者，因為他們敢於在重壓之下挑戰自己，將不可能轉變為可能。若我們能靠著不斷地鼓勵自己，擊退排山倒海似的壓力，並能最大限度地發揮自己的潛能的話，那麼，你又何不對自己信心喊話一番呢？

這樣做，就對了

客觀評估自己

當感到自己不受他人重視，產生懷才不遇的念頭時，這時不要先急著抱怨、指責，而要先讓自己冷靜下來，然後正確、客觀地對自己的能力進行評估，以找到自己的不足之處。你應該：

＊先客觀評估一下自己的能力，判斷以前是不是將自己評估得太高了，以至於超出了自己的實際能力。

＊評估時，難免有失偏頗，這時可找朋友或熟悉的同事幫你分析一

下。如果別人對你的評價比你自己的評價低，就虛心接受這種結果。

　　＊不要失望和氣餒，努力增強你的知識與專業。當時機成熟時，你的努力一定能為你帶來成功。

別太高估自己能力

　　經國外研究指出，人很容易在各方面高估自己的能力，例如在幽默感、文法、推理能力上，並且在實際能力最低的人身上，這種現象往往最明顯。

　　但即便如此，若能藉由學習有效技巧，循序漸進式的看到自己的改變，一點蝴蝶效應就能大大改變你的未來，一開始能力低些又何妨？

全身心地投入到過程中（以工作為例）

　　有沒有天賦和才幹固然很重要，但在壓力之下能付出多少努力去工作更重要。如果你對自己的工作瞭解得不夠，業務也不熟練，就不要在不受重視時怨天尤人，去責怪別人不懂得賞識你。你唯一該做的，就是在工作中投入更多的努力，熟知工作的責任和內容。你應該：

　　＊放棄那些偏激的想法，放棄長呼短嘆，將自己的全部努力都投入到工作中，這樣才能發揮出你的全部能力，真正體會到找到成就感的喜悅。

　　＊在工作中，謙虛地做你應該做的事，就算大材小用，也要快樂面對。

　　＊不要在工作中耍小聰明、占小便宜，這是最不必要的事。

　　＊有時懷才不遇是因為用錯了專長，如果你有第二專長，不妨向上司爭取機會試一試，說不定能就此打開另一條新道路。

相信自己是加強自控的好方法

信心和勇氣能導致激昂的情緒，會使整個人像是突然被「充電」一樣帶勁，會立即產生一種能超越困難的欲望，將身體的潛能挖掘出來，並憑著這股力量達到成功。

——美國人際關係學大師　戴爾‧卡內基（Dale Carnegie）

自信是一個人有膽量、有能力的表現。在生活中，有自信的人，無論面對什麼樣的艱難局面，都能冷靜對待，平靜化解，從而讓局面轉向對自己有利的一面。

自信更是一種自我肯定、自我激勵的心態，自信的人堅信自己一定可以克服困境，獲得成功；而缺乏自信的人，往往沒有生活的熱情和樂趣，也沒有探索拼搏的勇氣。

在歐陽修的小說中，一個賣油翁在葫蘆上放了一枚銅錢，然後用勺子盛一勺油，直接從錢孔中將油倒入葫蘆裡，卻不會打濕銅錢。能完成這樣一個艱難的任務有兩種原因，一是因為「熟能生巧」，還有一個原因，就是他擁有足夠的自信。

試想，如果我們讓他將油換成水，其他器具還是一樣，那麼這個人或許十有八九會失敗。因為水換成油，會動搖他的自信，讓他感到一些遲疑和害怕。為什麼呢？因為他開始不相信自己是否能做到了。

一九五〇年，佛羅倫絲‧查德威克成功橫遊過了英吉利海峽，創下了女子游泳橫渡英吉利海峽的世界紀錄。

時過兩年，養精蓄銳的佛羅倫絲決定再向自己的人生做一次挑戰；從卡德林那島游到加利福尼亞海灘。其實，這次的挑戰對於佛羅倫絲來說早已勝券在握了，因為從卡德林島到加利福尼亞海灘遠沒有英吉利海峽寬，而且，這裡水勢平緩波浪不大，加上經過兩年的休息，佛羅倫絲的身體狀況也遠比兩年前橫渡英吉利海峽時更健康。

這天清晨，萬事俱備的佛羅倫絲從卡德林那島下海了，像計畫中的那樣，退潮的潮汐把佛羅倫絲推進了幾千公尺遠，這讓她節省了不少體力。水溫很適宜，碧波萬頃的海上風浪也不大，尤其是風向一直是順風，這使得佛羅倫絲游起來很輕鬆。

按照計畫，佛羅倫絲清晨入海時會借助退潮的潮汐力量，然後在十個小時之後必須遊過海界中線，在下午七點以前必須遊到距越過海界中線五海浬左右的區域中。這樣，在傍晚漲潮時，就又可以憑藉潮汐的推力，使她更順利地遊上加利福尼亞的海灘。

而一切都如計畫的一樣，十六個小時後，佛羅倫絲已經距加利福尼亞的海灘不遠了，可以說佛羅倫絲已經成功在望了。

但不巧的是，海上忽然漫起茫茫大霧，那霧又低又濃，幾乎使人看不到一公尺以外的地方。泡在海水裡的佛羅倫絲甚至看不到一直伴隨著她的小橡皮艇。

「告訴我，還有多遠？」佛羅倫絲喊。

「快了，離海岸線已經不遠了。」艇上的人回答說。

「你們看到海岸線了嗎？」佛羅倫絲問。

「沒有。」橡皮艇上的人說。

「那怎麼知道我們離海岸線不遠了？」

「霧太大，我們是估計的。」

估計的？泡在海水裡的佛羅倫絲有些失望了，她竭力向前方看了看，但霧太大，什麼也看不見。

「誰知道到底還有多遠呢？」看著頭頂的茫茫霧靄，佛羅倫絲有些沮喪地想。

又游了一會兒，佛羅倫絲覺得累極了，兩腿發酸發腫，手臂也抬不起來了。她覺得自己已經沒有力氣了，就要被淹死在這大霧之下的茫茫大海裡了。

「把我拖上皮艇……」她朝橡皮艇上的人求救。

「聽著，佛羅倫絲，或許離海岸線不到一英里了，再堅持一下子就成功了。」

「你們看到陸地了嗎？」佛羅倫絲問。

「沒有，因為霧太大。」橡皮艇上的人說。

「誰知道還有多遠呢？快把我拖上去，我不行了。」佛羅倫絲懇求地說。

「堅持，再堅持一下吧！」艇上的人苦苦勸她。

「真的，我不行了，快拖我上去吧！」佛羅倫絲幾乎就要哭出聲來了。怎麼勸她都不行，橡皮艇上的人只好無奈地把佛羅倫絲從海中拖了上來。

但橡皮艇又前進了二十多分鐘後大家就個個後悔不已，佛羅倫絲更是淚流滿面，因為，僅僅前行了二十分鐘，橡皮艇就已經靠岸了。

「僅僅只需要再堅持一點點啊！」大家都替佛羅倫絲惋惜不已。更痛苦的當然是佛羅倫絲本人，如果不是那海上的大霧，如果能看見海岸線，那麼自己肯定能堅持游下去的，是大霧迷失了她的信心。她喪失了信心，也就意味著喪失了力量啊。

兩個月後，不甘失敗的佛羅倫絲又重新游了一次，這次，她很輕鬆地就從卡德林那島游到了加利福尼亞海灘上。當別人問她為什麼上次失

敗時，她說：「是那場濃霧迷失掉了我的信心。」

「那麼這次為什麼成功得這麼輕鬆呢？」人們又問她。

佛羅倫絲說：「因為這次沒有霧，越來越近的加利福尼亞海岸線給了我充分的信心。」

一場濃霧讓離成功僅一步之遙的佛羅倫絲體會到了失敗之苦。

那麼，面對人生中的濃濃大霧，我們是退卻還是咬牙堅持呢？那就端看你心中是否有塊陸地在那等待著了。

「相信自己」是一個人不斷前進的動力與獲得成功的首要前提。只有能相信自己，我們才能成為自己生命的重心，從而掌控自己生活中的種種不利局面，化不利為有利，突破困難，繼續堅持下去。

 自信先從外在開始

自信是對自己能夠達到某種目標的樂觀想像，但自信不是天生的，是從我們每天的生活中累積所得的。我們說透過建立整潔、良好的形象，也可以達到增強自信的作用。你可以：

＊每天早中晚各照一次鏡子，整理自己的服裝儀容，保持儀表整潔乾淨，使自己對展露在外的自我形象有信心。

＊舉止自信，例如走路時目視前方、抬頭挺胸等。一開始可能不習慣，但堅持一段時間就會產生發自內心的自信心。

＊多運動，保持健美的體型，對增強自信很有幫助。

＊多微笑待人。微笑能增加幸福感，進而增強自信。

鼓勵自己不間斷

自我鼓勵是提升自信的有效方法之一。如果你每天都對自己說「我本來就不行」、「我根本就不成材」……你會產生怎樣的情緒？顯然是負面、消極的情緒。因此，要提高自信心，就要像個成功者一樣，每天給予自己正面、積極的鼓勵，提高自己的鬥志。你可以：

＊在紙上列出自己的十個優點，哪方面都可以，例如細心、有耐心、手巧等，在從事各種活動時，想想這些優點。如此有助於你提升自信。

＊可以試著閱讀一些名人傳記，很多知名人士成名前的自身資質、環境也並不好，但他們最終卻能成功。多接觸這方面的資料有助於提升自信心。

 避免說出消極、否定的言語

想保持自信，就要養成使用積極語言的習慣，拒絕抱怨和自我否定，將話語中所有的否定句和疑問句都改成肯定句，這將會在潛移默化中改變你的消極心理，一點點地賦予你積極思考的習慣。你可以：

＊盡量減少對他人的批評，因為總是指責他人反倒是缺乏自信的表現。

＊減少抱怨，與其讓抱怨影響你的情緒，不如乾脆保持沈默。

＊謙虛是必要的，但不要過度。過度貶低自己，對自信心的提升反而不利。

在職場競爭中具備危機意識

> 我們習慣把事情進展不順利，歸咎於大眾還沒準備好要改變；但是實際上改革的速度如此緩慢，是因為少數人也沒聰明到哪裡去。
>
> ——美國作家　亨利·梭羅（Henry David Thoreau）

無論是什麼企業，其實只有兩種人，一種是員工，另一種就是老闆。

有些員工認為，企業是老闆的，自己只是個上班族。工作做得再好、再多、再出色，得到好處的是老闆，於我何益？因此，這類員工每天只是不停地抱怨老闆，認為自己對工作付出太多而得到的回報卻太少。

他們每天只是按部就班地工作，一到下班時間立刻走人，有的人甚至還趁老闆不在時沒完沒了地打私人電話，或做其他與工作無關的私事，因為他們覺得這樣才能讓自己獲得一些心理滿足。

事實上，這樣的想法和做法無異於浪費你的精力與自毀前程。一位在事業上頗為成功的經理說：「除了那些含著金鑰匙出生的富二代，絕大多數的老闆都是從打工仔做起的。而一個人打工時的心態，也決定了這個人日後是否能夠成為老闆的一個關鍵。」

而哈佛商學院的教授也曾說：「商戰與戰爭一樣，貴速不宜久。」在科技日益發達的現代，技術的進步、產品的更新、市場的變化等都是極快速的發展。如果企業經營者沒有強烈的時間觀與危機意識，還以「日出而作，日落而息」老牛拉車的方式來經營現代企業，那麼必定會被市場淘汰。

　　所以，多數的競爭在一定程度上等同於時間的競爭。只有你我掌握了時間上的主導權，才能先發制人、奪得先機。

　　　　當一九九七年，中國宣布將收回香港主權時。頓時，香港的股市、地產、港元匯率等在一夜之間狂洩千里，港人都籠罩在宛如世界末日的恐慌之中。

　　　　然而，此時的香港企業家李嘉誠、郭炳湘、吳光正等人卻大量投資，低價收購英資和地產。十年之後，香港發展得比以往更加繁榮，這些當年冒著風險逆勢而上的投資者也都已成為億萬富翁。

　　　　李嘉誠旗下的長江、和記黃埔、港燈三家公司，市值共達三二四九億港元，李嘉誠也一躍成為香港首富。

　　　　逆向思考，可以打破傳統，見人之所未見，言人之所未言，行人之所不敢行，所以最終能取得非凡的成績，自然也較容易獲得巨大的財富。

　　　　然而無論是商場還是社會，總會有一種怪現象，那就是只要某一行有一定的利潤可賺，半年之內幾乎就遍地開花，如此的惡性競爭也導致許多人血本無歸。

　　在市場競爭當中，一個出色的商人會根據市場訊息先行掌握住競爭的主導權，然後「出其不意，攻其不備」。這種策略使得不少商界英豪從容地擊敗對手，成為巨富。

　　有時候，我們不妨換位思考一下，也就是站在老闆的角度去思考問題，在工作上，讓自己擁有老闆的心態，經常問問自己：「如果我是老闆，我會怎麼想、怎麼做？」

　　如果你是老闆，手下有兩個員工，一個只在工作任務交代得很詳細的情況下才去做，而且還經常將事情搞砸；另一個除了會將你交代的任務

圓滿完成外，還喜歡幫助別人，不斷地求進步。兩者相比，你更欣賞哪一個？答案自然不言而喻。

相信所有的老闆都是一樣的，他們不會青睞那些只是每天八小時在公司得過且過的員工，而是欣賞那些積極、上進、主動工作，並能真正將公司的事當作自己的事來做的員工。

站在老闆的角度思考問題，我們才能逐漸養成積極主動的工作習慣，自己決定前進的方向和路線，而不是事事都被人推著走。

也只有學會站在老闆的角度看問題，我們才能嚴格要求自己，遇到困難時不輕言放棄，並且更加注重整體和大局，練就掌控全局的能力。

這樣做，就對了

危機意識（一）：嘗試老闆式思考

老闆思考問題的方式與一般員工是不同的，他們以公司利益為出發點，從整體上統籌考慮問題，凡事都以大局為重。而普通員工可能只會從自己的角度想當然爾地做出決定，且只考慮自己的個人利益。這樣的態度，並不足以成為一個在職場上能有效立足的人。

要想讓自己在競爭之中脫穎而出，就要鼓勵自己用老闆腦一樣思考問題。

＊不要再用「老闆怎麼說，我就怎麼做」的觀點來工作，而應以「如果我是老闆，會怎麼做」的想法來要求自己、考驗自己。

＊細心觀察老闆日常工作中的言行，逐漸瞭解老闆平時是如何處理工作的，以及這樣處理的原因為何。

＊即使受到老闆的批評，也不要只局限於從自我的角度考慮問題，而是換個位置，從老闆的角度考慮一下：「如果我是老闆，會怎樣對待犯錯

的下屬？是喪失原則？還放任自流？顯然都不能！」如此一想，往往就能理解老闆這樣做的原因了。

 ## 危機意識（二）：像老闆一樣工作

拿破崙說：「不想當將軍的士兵不是好士兵。」事實上，不想當老闆的員工也不是好員工。如此，你才能學到老闆的各種做事方法，提高自己掌控全局的能力。

＊做事要積極主動，不要等老闆交代後才去做，而是自覺地做好自己應做的事。

＊不要在別人注意你時才有好的表現，也不要等著別人來要求你，而應該為自己制定最嚴格的工作標準。

＊做決策時，要學會通觀全局。如果不能確定一件事是否真的對公司的發展和自身的進步有益，就要三思而後行。

放棄偏執，少走失控彎路

意志的出現不是對願望的否定，而是將願望合併和提升到一個更高的
意識水準上。

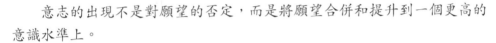

——美國存在主義心理學家　羅洛·梅（Rollo May）

我們的生活中每天都有意想不到的事情發生，而且不如意之事十
之八九，固有的規律和經驗不一定就適用於這個快速變化的世
界。因此，在遇到問題時，不要完全相信自己的經驗，要放棄偏執的態
度，靈活地面對人生。只有這樣，我們的觀念才能隨著環境的變化而柔軟
可行，從而少走彎路，避免多餘的挫折和失敗。

　　有一位學者向南隱大師問禪，南隱大師非常客氣地以茶相待。他
將茶水倒入杯中，但直到茶水滿了，他卻還繼續倒。學者忙著說：「師
父，茶已經滿出來了，不要再倒了！」南隱大師卻笑著回答說：「您現
在就像這茶杯一樣，裡面裝滿了自己的看法和觀點。如果您不先將自己
的杯子倒空，叫我怎麼對您說禪呢？」

　　可見，偏執容易，而包容卻很難，因為只有胸懷寬廣的人，才能包
容。

　　過於偏執的人，最缺乏的就是一顆寬容的心，就像心理學家威廉·
詹姆斯（William James）的忠告一樣：「要樂於承認事情就是如此。能
夠接受發生的事實，是能克服隨之而來的任何不幸的第一步。」也就是
說，事情既然不能像我們想像的那樣發生，我們就要坦然地接受，並努

力去適應，否則，我們就可能要多走很多彎路，甚至失去成功的機會。

看看另一個故事：三國時代的關羽，過五關，斬六將，單刀赴會，水淹七軍，何等的英雄氣概！但是，他也有一個致命的弱點，就是剛愎自用，固執偏激。

當他受命鎮守荊州時，孫權派人向關羽提親，想與關羽結為兒女親家，但關羽不僅沒有答應，還出口傷人，以自己的個人好惡和偏激情緒對待關係全局的大事，結果導致了吳蜀聯盟的破裂。最後，關羽自己也落了個敗走麥城、被俘身亡的下場。

現在看來，如果關羽能少一點偏執，不那麼意氣用事，那麼吳蜀聯盟大概也不會遭到破壞，荊州的歸屬可能也是另一種結果了。

偏執的人，總是堅持己見，缺乏變通的智慧，總是以自己固有的觀念來為人處事，因此也很難客觀、公正地判斷一切人與事。而且，整天抱持著自我偏見的人，也難以有較大的進步，除此之外，更會影響其他方面的判斷。

每個人都有不同的使命和不同的人生追求，因此我們不能戴著有色眼鏡看待他人，否則，不僅容易傷害他人的自尊，還可能在成功的道路上多走許多彎路。

當然，放棄偏執並不是說我們在遇到困難挫折時就要逆來順受。相反地，無論在什麼情況下，只要還有一點機會，我們就要努力爭取。

但常識告訴我們，當事情不可避免、也不可能再有任何轉機時，為了保持理性，我們還是應該讓自己放棄固執和偏見。

這樣做，就對了

務必進行自我調整

　　能夠放下自己的偏見和固執，其實就是一種積極的自我調整，也是對於目標的再一次確認。大千世界，錯綜複雜，我們總有一些無法把握真理和明辨正誤的時候，此時不妨讓自己擁有一顆求同存異的心，學會放下偏執，寬容地生活。你需要：

　　＊ 有勇氣正視自己性格中的某些弱點，經常認真反省自己，凡事多從自己身上找原因。

　　＊ 如果有些東西想得而得不到時，一味追求只會給自己帶來壓力和痛苦，此時不妨明智地放下。

　　＊ 虛心接受他人的觀點，遇到問題則不恥下問，長久以往也才能自信而不自滿。

　　＊ 做事待人，嚴於律己寬以待人，才容易獲得他人的好感。

別帶著情緒判斷他人

　　當我們心情好的時候，看到的一切都是美好的；當我們的心情極差時，別人做什麼都可能讓我們感到心煩。其實，這也是一種偏見。他人好與壞，做事對與錯，都是客觀存在的，如果我們以自己的主觀眼光來看待，就會有失偏頗。你必須：

　　＊ 與他人建立相互尊重、相互信任的關係，一切從客觀事實出發，全面冷靜地考慮問題，別將自己的想法強加於人。

　　＊ 凡事不要以偏蓋全，對待他人也不要只看對方的缺點，而忽略對方的優點。看人要全面，這樣才能防止你過度偏執的觀點產生。

工作中無人監督的自控力

有一種品行可以使人從碌碌無為的平庸之輩當中脫穎而出，這不是天資、不是教育、也不是智商，而是自律。有了自律，一切皆有可能；沒有，則連最簡單的目標都顯得遙不可及。

——美國前總統　老羅斯福（Theodore Roosevelt）

對一個企業來說，制定遠觀的戰略固然不容易，真正執行起來，就更不是一件簡單的事了。在企業營運中，沒有哪個細節可以被忽略；對個人來說，這個道理同樣適用，沒有一個工作細節可以被我們忽略。

其實，我們每天在工作中所做的事都是一些重複的、瑣碎的小事，能稱得上大事的沒有多少。但是，能夠要求自己將工作中的平凡小事都做到最好的人，就是一個不平凡的人。

如果一個人連小事都做不好，那麼肯定也做不成什麼大事。所謂「一屋不掃何以掃天下」，說的就是這個道理。

因此，我們在工作中應該關注每一個細節，嚴格要求自己。只有以認真嚴謹的態度做好工作中的每一件小事，以認真負責的心態對待每一個細節，成功才會離我們越來越近。

　　一家美國公司在台灣的一家玻璃廠訂購了一批價格昂貴的玻璃杯，為此，美國公司專門派了一位代表來台灣監督生產。

　　這位代表來到台灣後，發現這家玻璃廠的技術水準和商品品質都是

世界一流的，生產的商品也幾乎完美無缺。對此，他感到很滿意，認為這次的合作不會出現什麼問題。

一天，美國代表又來到工廠，看到作業員們正從生產線上挑出一些杯子放在旁邊。他上前仔細看了一下，並沒有發現這些杯子有什麼特別之處，就好奇地問：「你們挑出來的杯子是做什麼用的？」

「那是一些不合格的瑕疵品。」作業員一邊工作一邊回答。

「但是我並沒有發現這種杯子跟其他杯子有什麼不同啊？」美國代表不解地問。

「你看一下，這裡多了一個小氣泡，代表這種杯子在製造過程中跑進了空氣。」

「這並不影響使用啊！」

作業員很自然地回答說：「我們既然要做，就一定要確認當中的每一個細節，將每一步都做到最好，任何缺點，即使是客戶看不出來的缺點，對於我們來說，也都是不允許的。」

「那這些瑕疵品通常能賣多少錢？」

「十塊錢左右。」

當天晚上，這位美方代表就給總部寫了一封信，匯報了他在這裡的狀況：「一個完全合乎我們的檢驗和使用標準、價值兩百五十元的杯子，在這裡卻在無人監督的情況下，被用近乎苛刻的標準挑選出來，而且只賣十塊錢。這樣的員工堪稱典範，這樣的企業又有什麼不可以信任的呢？我建議公司馬上與該企業簽訂長期供銷合約，而我本人也完全沒有必要繼續留在這裡監督。」

有些平凡的小事，很多人都能做，只是做出來的效果不一樣。通常是細節決定著工作完成的質量。那些不把細節當回事，對自己要求不嚴格，對工作也缺乏認真的態度，任何工作都只會敷衍了事的人，最終只會

壞了大事。

對這種人來說，工作就是一種不得不服的苦役，因為他們在工作中缺乏熱情和積極性。

而考慮到細節、注重細節的人，不僅認真對待工作，將小事做細、做精，而且還能在工作的種種細節之中尋找機會，從而使自己走上成功的捷徑。

改變思考方式與觀念，牢記工作職責

在工作中，要正確認識「細中見精」、「小中見大」的理念，同時嚴格要求自己，牢記工作職責，將每項工作中的每一個細節都做好、做精。

＊改變心浮氣躁、淺嘗輒止的毛病，努力克服大事做不了、小事不想做的毛病。

＊全心全意地做好本職工作，即使你的工作瑣碎、單調、技術含量低，也要清楚地意識到職場無小事。

＊工作時，可以用時間限制自己，例如，上次完成這項工作所用的時間是三十分鐘，這次看自己能否在二十五分鐘內完成。有了這樣的想法，工作起來會更有熱情，也能更專注。

＊具有團隊意識，積極與同事合作，以出色地完成工作作為目標，盡心盡力地完成自己的每一項工作。

在細節問題上加強自律

現在的職場競爭日趨激烈，想讓你的位子無人能取代，就要在細節

上加強自律。

　　自古以來，聰明人他們明白「千里之堤，潰於蟻穴」的道理。如果對小陋習任其發展，不加以控制，那麼它就會像滾雪球一樣，越滾越大，最終造成嚴重的惡果。你需要注意的是：

　　＊工作時，不要經常與同事閒聊，說一些工作以外的事情。

　　＊老闆不在時，不要隨意丟下工作，做自己的私事。

　　＊即使心情不好，也不要將個人的情緒發洩到公司的同事、客戶身上，哪怕是在電話裡。

　　＊不要一到下班時間就立刻閃人。如果下班時你的工作還未完成，要能繼續完成。如果你不能繼續留下來工作，到家後也應看事情是否繼續得到處理。

　　＊不要總是等別人吩咐才做事，這會讓人覺得你缺乏工作的主動性。

TEXT!
自控力測驗

你能否在職場中掌控自己？

下列各題中，每道問題有不定個選項，根據你的實際情況選出一個最適合的答案。　　　　　　　　　　將各題得分相加，算出總分。

1. 下面幾種水果，你最喜歡哪一種？

A‧草莓	2分
B‧蘋果	3分
C‧西瓜	5分
D‧菠蘿	10分
E‧橘子	15分

2. 你平時休閒時經常去什麼地方？

A‧郊外	2分
B‧電影院	3分
C‧公園	5分
D‧百貨公司	10分
E‧夜店	15分
F‧KTV	20分

3. 你認為最容易吸引你的人是哪種類型的？

A‧有才氣的人	2分
B‧依賴你的人	3分
C‧優雅的人	5分
D‧性格善良的人	10分
E‧性情豪放的人	15分

4. 如果你可以變成一種動物，你希望自己成為哪一種？

A‧貓	2分
B‧馬	3分
C‧大象	5分
D‧猴子	10分

E·狗　　　　　　　　　　　　　　　　　　　　　15分
F·獅子　　　　　　　　　　　　　　　　　　　　20分

5. 天氣很熱時，你更習慣選擇哪種方式消暑？

A·游泳　　　　　　　　　　　　　　　　　　　　5分
B·喝冷飲　　　　　　　　　　　　　　　　　　　10分
C·開冷氣　　　　　　　　　　　　　　　　　　　15分

6. 如果必須與一種你討厭的生物一起生活，你比較能容忍哪一種？

A·蛇　　　　　　　　　　　　　　　　　　　　　2分
B·豬　　　　　　　　　　　　　　　　　　　　　5分
C·老鼠　　　　　　　　　　　　　　　　　　　　10分
D·蒼蠅　　　　　　　　　　　　　　　　　　　　15分

7. 你比較喜歡看哪一類電影或電視劇？

A·懸疑推理類　　　　　　　　　　　　　　　　　2分
B·童話神話類　　　　　　　　　　　　　　　　　3分
C·自然科學類　　　　　　　　　　　　　　　　　5分
D·倫理道德類　　　　　　　　　　　　　　　　　10分
E·戰爭槍戰類　　　　　　　　　　　　　　　　　15分

8. 以下哪件物品是你經常隨身攜帶的？

A·打火機　　　　　　　　　　　　　　　　　　　2分
B·口紅　　　　　　　　　　　　　　　　　　　　2分
C·記事本　　　　　　　　　　　　　　　　　　　3分
D·衛生紙　　　　　　　　　　　　　　　　　　　5分
E·手機　　　　　　　　　　　　　　　　　　　　10分

9. 遠行時，你通常喜歡選擇什麼交通工具？

A·火車　　　　　　　　　　　　　　　　　　　　2分
B·腳踏車　　　　　　　　　　　　　　　　　　　3分
C·汽車　　　　　　　　　　　　　　　　　　　　5分
D·飛機　　　　　　　　　　　　　　　　　　　　10分
E·步行　　　　　　　　　　　　　　　　　　　　15分

10. 以下幾種顏色，你最喜歡哪一種？

A·紫色　　　　　　　　　　　　　　　　　　　2分
B·黑色　　　　　　　　　　　　　　　　　　　3分
C·藍色　　　　　　　　　　　　　　　　　　　5分
D·白色　　　　　　　　　　　　　　　　　　　8分
E·黃色　　　　　　　　　　　　　　　　　　　12分
F·紅色　　　　　　　　　　　　　　　　　　　15分

11. 下列幾項運動中，你最喜歡哪一種（不一定是最擅長的）？

A·瑜珈　　　　　　　　　　　　　　　　　　　2分
B·腳踏車　　　　　　　　　　　　　　　　　　3分
C·桌球　　　　　　　　　　　　　　　　　　　5分
D·拳擊　　　　　　　　　　　　　　　　　　　8分
E·足球　　　　　　　　　　　　　　　　　　　10分
F·高空彈跳　　　　　　　　　　　　　　　　　15分

12. 如果你擁有一座別墅，你認為它蓋在哪裡最合適？

A·湖邊　　　　　　　　　　　　　　　　　　　2分
B·草原　　　　　　　　　　　　　　　　　　　3分
C·海邊　　　　　　　　　　　　　　　　　　　5分
D·森林　　　　　　　　　　　　　　　　　　　10分
E·城市　　　　　　　　　　　　　　　　　　　15分

13. 你最喜歡哪種天氣？

A·下雪　　　　　　　　　　　　　　　　　　　2分
B·起風　　　　　　　　　　　　　　　　　　　3分
C·雨天　　　　　　　　　　　　　　　　　　　5分
D·起霧　　　　　　　　　　　　　　　　　　　10分
E·打雷　　　　　　　　　　　　　　　　　　　15分

14. 你希望自己的窗口在三十層大樓的第幾樓？

A·7樓　　　　　　　　　　　　　　　　　　　2分
B·1樓　　　　　　　　　　　　　　　　　　　3分
C·23樓　　　　　　　　　　　　　　　　　　　5分

D·18樓　　　　　　　　　　　　　　　　　　　　　　10分
E·30樓　　　　　　　　　　　　　　　　　　　　　　15分

15. 如果可以你最希望在哪個城市中生活？

A·麗江　　　　　　　　　　　　　　　　　　　　　　1分
B·拉薩　　　　　　　　　　　　　　　　　　　　　　3分
C·昆明　　　　　　　　　　　　　　　　　　　　　　5分
D·西安　　　　　　　　　　　　　　　　　　　　　　8分
E·杭州　　　　　　　　　　　　　　　　　　　　　　10分
F·北京　　　　　　　　　　　　　　　　　　　　　　15分

測試結果：

180分以上： 你的意志力強，事業心強，而且頭腦冷靜，具有較強的領導人傾向。雖然你外表和善，但內心自傲，對職場中有利於自己的人比較看重，有時甚至顯得有些急躁，咄咄逼人，不輕易認輸。

140～179分： 你頭腦聰明，性格活潑，人緣好，但心機較深。你的思維較理性，在職場中不會輕易與人產生衝突，處世圓滑，稱得上是個職場達人。

100～139分： 你的思維較感性，以是否與自己投緣為標準來選擇朋友，性格顯得較孤傲，有時急躁，有時又優柔寡斷。你事業心較強，喜歡有創造力的工作，不喜歡按常規辦事，也不喜歡妥協，因此在職場中還需要不斷訓練自己的自控力，不能一切都以自己的標準來衡量。

70～99分： 你好奇心強，喜歡冒險，在工作中人緣較好。你事業心一般，對待工作往往隨遇而安，善於妥協。你善於發現有趣的事情，但較沒有耐心，勇於冒險，但遇事又比較膽小。

40～69分： 你性情溫和、踏實穩重，但有時也比較狡點。你事業心一般，對本職工作能夠認真對待，但對自己專業以外的事情沒有太大興趣，喜歡有規律的工作和生活，不喜歡冒險，在工作中會顯得有些不上進。

40分以下： 你散漫、愛玩、聰明機靈、待人熱情，但對於職場中的朋友沒有嚴格的選擇標準。你較沒有事業心，更願意享受生活，自控力和耐心都比較差，在工作中經常我行我素，因此也不受合作者的歡迎。

Chapter

8

順 從 自 我 ， 無 痛 苦 交 際

生活中自控力的運用

Happier

how to improve
your self-control.

一次行動，就足以顯示一個人的弱點和優點，能夠及時提醒此人找到人生的突破口。

——美國政治家　傑佛遜・戴維斯

Jefferson Davis

自控力延伸：先會拒絕的技巧

欲望過於劇烈，就不再只是對自己存在的肯定，反而會否定他人的生存。

——德國哲學家　叔本華（Arthur Schopenhauer）

在人際交往的過程中，拒絕別人是經常會發生的事。例如，一個信譽不好的人向你借錢，而你很清楚，如果把錢借給他，就不能指望要回來了；你的頂頭上司在增減人員的問題上向你提出一些建議，但這些建議不符合公司的現實情況，你又該如何回答呢？諸如此類的事，你必須要能加以拒絕。可是拒絕時，如果不懂得把握分寸、掌握技巧，又可能給人一種敵意，甚至因此被人誤會、得罪人。

由此可見，如何處理好拒絕這個問題，是我們日常生活和社交關係的重點之一，需要引起我們重視。因為得體地拒絕他人不僅能塑造出我們的良好形象，對我們處理好與他人之間的關係也有著積極的意義。

美國第二十六任總統西奧多・羅斯福（Theodore Roosevelt，人稱「老羅斯福」）在擔任美國紐約州州長時，每當出現重要職位空缺時，都會邀請所有政治領袖向他推薦接任的人選。

對於這個過程，羅斯福說：「剛開始時，他們向我提議一個很差勁的政客，就是那種需要『照顧』的人。我就告訴他們，任命這樣的一個人不是好政策，大眾也不會贊成。」

「然後，他們又把另一個政客的名字提供給我。這一次是個老公務

員，他一生只求一切平安，少有建樹。對這個人，我很不滿意，因此我就告訴他們，這個人無法達到大眾的期望。接著，我又請求他們，看看他們是否能找到一個更適合這個職位的人選給我。於是，他們第三次又向我建議了人選。」

「這個人雖然差不多，但我還是不夠滿意。我對他們的努力表示感謝，但還是請求他們再試一次，而他們第四次所推舉的人就可以接受了，因為那個人是連我自己都會挑選的最佳人選。為此，我對他們的協助表示感謝，並任命了那個人。我還把這個任命的功勞歸於他們……」

「我告訴他們，我這樣做是為了讓他們感到高興。現在，該輪到他們讓我高興了。」

「而他們也真的令我很高興——他們以支持像《文職法案》和《特別稅法案》這類全面性的改革方案，來讓我高興。」

羅斯福在拒絕領袖們向他推薦的人選時，就採取了十分恰當的做法。他首先仔細傾聽這些人向他推薦某個人的理由，當明白他們的要求，而自己又認為不合適，但是需要拒絕時，他的態度既溫和又堅定，沒有用嘲諷、冷漠或者模糊的回答來拒絕他們。

而當他們推薦的人選符合他的要求時，他又立即對他們的努力表示感謝，並將功勞都歸於他們，讓他們的心理感到滿足。

事情最終以雙方都滿意的結果而告終。任何人都不希望體會到被直接拒絕的感受，也不願意將拒絕的話說出口，可是，迫於某些原因，又不得不說出拒絕的話。

此時，只能訓練自己，讓自己將拒絕的話說得動聽一些，從而讓別人理解並接受自己的拒絕，且不至於影響彼此之間的關係，這同樣是自控力訓練的一環。

拒絕前先表示認可

對於一件想拒絕的事，如果你不想得罪對方，最好在拒絕前先表示認可，這是一種「欲抑先揚，先承後轉」的方法，也是一種力求避免正面表述而采用的間接拒絕他人的方法。你可以：

＊當對方向你敘述一件事時，即使你不認可，也要先用肯定的語氣對他的想法和要求表示同意。

＊表達你拒絕的原因時，要態度溫和、語氣和藹，且拒絕原因要敘述得清楚明白。

＊通常可採用這些話來表達拒絕之意：「這是一個相當不錯的主意，只可惜現在條件還不成熟，我們不能馬上採用它，等情況更好時可以再來商討」、「這個主意很好，但如果只從目前的這些條件來看，我們得先放棄它，但我想我們以後一定能用到它。」

尋找合適的藉口拒絕

有時候，我們不想把自己的真實意圖暴露給對方，或者自己不想參與某事，這時就需要為自己找一個合理的藉口加以拒絕。這樣既可以得體地拒絕別人，又不會給人落話柄，更不會傷害對方的自尊心。

＊回絕對方時，最好尋找一個非個人的原因作為藉口。例如，如果你不想接受朋友的邀請，可以說：「真不巧，我今天要陪老闆去吃飯。」以這樣的藉口回絕，對方既不會感到尷尬，又不會責怪你。

＊拒絕別人前，要表明自己是心有餘而力不足。例如，朋友邀你假日去爬山，你不想去，那麼就可以說：「我想跟你們一起去，但是……」由於你對無法答應對方的邀請表示遺憾，就算對方被拒絕了，也會理解你。

「軟」拒絕比「硬」拒絕更有效

在社交場合中，許多人都是吃「軟」不吃「硬」。當面對一個「弱者」時，即使對他的拒絕感到很生氣，但也不忍心對他「痛下殺手」。因此，用軟話巧妙地拒絕別人，也是一種拒絕的技巧。

＊拒絕對方時，對方肯定很失望。但若你的拒絕彬彬有禮，讓對方無可挑剔，對方也就不會責怪你了，因為你的「禮」消滅了他的「怨」。

＊拒絕時，可以說一些謙虛的話、禮貌用語和讚美詞，以表示尊重對方的感情和人格，引起對方的好感，然後再友好地拒絕對方的要求。

＊可以給對方一些合理的建議，讓他得到適當的支持。如果你提供的建議或替代方案有效，對方一樣會對你感激不盡。

＊如果你拒絕了某人，隔一段時間後，最好主動關心一下對方的情況，看看事情是否已經妥善解決，並讓對方明白自己的苦衷和立場，從而盡量避免拒絕對方的尷尬與負面影響。

別過分在意他人看法很重要

人的一生應該為自己而活，應該學著喜歡自己，應該不要太在意別人怎麼看我，或者別人怎麼想我。其實，別人如何衡量你也全在於你自己如何衡量你自己！

——台灣現代中文散文家　席慕容

有一位名人說過這樣一句話：「要想改變我們的人生，第一步就是改變我們的心態。只要心態是正確的，我們的世界就會是光明的。」其實，人與人之間本身並沒有太大的區別，真正的區別就在於心態的轉換。

人生在世，或多或少都會聽到別人對自己的評價，有讚揚，有批評，也會有誤解，甚至有誹謗。面對各式各樣的看法，如果我們過於在意或關注它們，就會讓自己感到痛苦、憤怒，這些負面情緒都在無形中傷害了你。

事實上，我們完全沒必要為別人的評價而情緒起伏。因為一個人做得再好，也會有人不滿意；同樣的道理，一個人做得再不好，也會有人讚賞。

所以，別人認為你好，你未必真的好；別人說你不好，你也未必真的不好。有時候，好或者不好，都沒有絕對的標準。

有一位畫家。一天，突發奇想，想畫出一幅人人看了都愛不釋手的畫作。於是他大致地畫完之後，他就拿著這幅畫到市場上去展出了。

同時，他還仿效春秋時期秦相呂不韋修撰《呂氏春秋》時「一字千金」的做法，在畫旁放了一支筆，並附上說明——每位觀賞者，若感到此畫還有需要修改的地方，請在相應之處做上記號。

結果令這位畫家驚訝的是，畫作的整個畫面被密密麻麻的記號塗滿了！而且，上面幾乎沒有一筆一畫不被指責。畫家感到很困惑，以自己的實力來說，不應該受到這麼多批評吧！因此，他開始懷疑自己的審美觀和才能。

苦苦思索之後，畫家決定再換一種嘗試的方法。於是，他畫了一張相同的畫，然後又將畫拿到市場展出。但這次，他要觀賞者指出的不再是畫作的欠缺之處，而是請觀賞者在自認為精彩的地方做上記號。

結果又令畫家大吃一驚，原來所有被否定指責的地方，現在也都被做上了標記，不過這次已經是讚美的記號了。

最後，畫家不無感慨地說：「我終於明白了一個真諦，那就是，任何時候都不要過分在意別人的看法，而是要堅持自己的觀點。因為別人的看法永遠是別人的，有讚美就會有批評，誰都無法讓所有人滿意，重要的是要有自己的主見。」

人之所以會在意他人的看法，首先是因為我們害怕別人不贊同我們。例如在搭配服裝時，我們會想：我這樣穿合適嗎？我看上去是不是很蠢？當我們覺得別人對我們的感覺很差時，就會感到沮喪，所以我們的內心會盡量避免這種情況。

其次，每個人都想讓自己看上去很重要，渴望得到別人的關注，這也是人類的基本需求。所以，當別人認同我們時，我們會感覺很好。相反地，當別人指責我們時，我們的情緒就會變糟，開始懷疑自己的想法和做

法。

然而，如果一個人的行為總是完全取決於別人的看法，那麼他就會失去自我，成為他人喜好的奴隸。

因為時刻擔心別人的想法，所以備受束縛，想做的事情也不能做。就像吸毒者和酗酒者一樣，因為自己的惡習而變得窮困潦倒，而我們也在如此不斷的「負面」自我修正中讓自己的存在價值變得越來越小。

所以，如果要主宰自己的人生，就一定要堅定自己的信念。也就是說，要在自己的想法和別人的看法之間做出判斷和選擇，否則就很可能不斷失去自我，因自控力的一部分便是主宰自我人生。

這樣做，就對了

 ### 接納自己，欣賞自己

一個人只有接納自己、欣賞自己，才能將所有的自卑拋到九霄雲外，掌握自己的人生。如果過分在意他人的看法，被他人的觀點所左右，盲目從眾，就會像一艘失去舵的船，隨波逐流，不知自己將漂向何方。所以，我們要做到瞭解自己，這樣才能真正駕馭自己的人生。

當別人對你的行為評頭論足時，就對自己說：「任何事都不可能讓所有人滿意，我堅持自己的想法就行了。」

 ### 以平和的心態看待別人對你的評價

在意別人的看法，說明我們很看重自己在別人心目中的形象，這不是什麼壞事。

但要分清楚，別人在意的那些是你的缺點還是優點，如果是缺點，就要及時改正；如果是優點，那就隨他們去吧！以平和的心態去看待那些

評價，不要太過反應過度。

　　* 從內心認可自己，暗示自己：「我是我，別人是別人，別人不需要我負責，我也不需要別人負責，為什麼我要讓別人來控制我？難道別人比我自己還重要嗎？」這樣慢慢就可以將注意力轉移到自己身上來。

　　* 雖然我們不應該過多關注別人的評價，對自己也不必妄自菲薄，但更不應狂妄自大，該改正、提升的地方，還是要及時去做改善。

　　* 在與他人交往時，不卑不亢，心理有什麼想法就積極表達出來，將自己的情緒恰當地宣洩出來。

 適當宣洩你的消極情緒

　　當內心因為得不到別人的認可而感到壓抑時，我們要學會自我宣洩、自我釋放。適當地宣洩負面情緒，可以減輕心理負擔，緩解壓力，保證心理健康，同時也是成功控制自我情緒的一種方法。除了前述，你可以：

　　* 學會哭泣。適當地哭泣對身體有益，能減少壓力對身體的傷害。

　　* 找一個合適的地方，將內心的壓力吶喊出來，透過急促、強烈的喊叫，可以釋放壓力。

　　* 唱歌、朗誦、寫日記等方式，也可以盡情宣洩內心的焦慮和壓力。

52

計較太多，只會消耗太多自控力

生活中有許多這樣的情況：你打算用忿恨去實現的目標，其實完全可能用寬恕去實現。

——英國海軍上將　西德尼‧史密斯（Sidney Smith）

生活中，許多煩惱、不安的情緒，其實都是因為過分的計較而引起的。凡事計較太多，就容易惹出許多是非來。

例如，有的人喜歡琢磨他人對他說過的每句話，對別人的過錯是加倍埋怨，對自己的得失更是念念不忘，對周遭的事物過於敏感，而且總是曲解和誇張外界的訊息。這種人其實是在用一種狹隘、幼稚的認知方式，為自己建起狹窄的心靈監獄。

顯然，過度地計較生活中的瑣事會嚴重影響我們的生活品質，使生活失去光彩。而且，這種不良的心理狀態還會消耗我們過多的能量，讓我們在一些無意義的事情上浪費太多精力，無暇顧及本該去努力追尋的工作和事業。

古今中外，凡是成功的人，通常都能容別人所不能容，忍別人所不能忍，善於求大同而存小異，從而也贏得了多數人的尊重和幫助。其實，任何事都有毫釐之差，不會有絕對的平衡與平均，所以世上也沒有絕對的公平。

既然如此，那麼人生就不應該因區區小事而過分計較，苛求絕對。計算太多，往往會使事情變得更加複雜和矛盾，甚至產生爭權鬥勢，凡是不愉快的事大都由計較而生。

有一個女孩毫無道理地被老闆炒了魷魚。這天中午，她心情沮喪地坐在公司噴泉旁邊的長椅上黯然神傷，覺得自己的生活失去了重心，前途也變得十分渺茫。

這時，她發現身後不遠處有個小男孩，正看著她「哈哈」地笑，於是好奇地問這個男孩：「你笑什麼呢？」

「這長椅的椅背是早上剛油漆過的，我想看看你站起來背後是什麼樣子！」小男孩一臉得意地說。

女孩一愣，猛然想到：昔日那些刻薄的同事，不正像這個小傢伙一樣，躲在我身後想恥笑我的失敗和落魄嗎？我不會讓他們的壞心眼得逞，我也絕不會忘記我的志氣和尊嚴。

女孩想了一下，忽然指著前方對小男孩說：「你看，那裡很多人在玩球呢！」等小男孩發現自己被騙而惱怒地轉過臉來時，女孩已經將外套脫下來拿在手裡了，她身上穿著一件鵝黃色的毛衣，讓她看起來青春洋溢。男孩見狀，嘟嘟嘴，便轉身失望地走了。

生活中的失意隨處可見，就如同那個油漆未乾的椅背一樣，在不經意間讓你苦惱不已。但如果你已經坐在上面了，也不要沮喪，不如以一種「不計較」的心態面對，脫掉你脆弱的外套，你會發現，事情好像也沒那麼嚴重。

學會不計較，這還能給自己設立一道心理保護的防線。如此不僅不會主動製造煩惱來耗費精力，自我刺激，即使面對一些不愉快的事情，也能泰然處之，置若罔聞，從而做到「身穩如山嶽，心靜似止水」。

這既是一種自我保護的妙方，也是一種堅守目標、排除干擾的自控良策。

所以，在為人處事上，我們要能先管理好自己的情緒，提高自控力，讓自己學會不在意的處事方式，換一種思維面對眼前的不如意。

　　只要大的方向把握住，在小的方向不犯大錯，多包容、少計較，路就會越走越寬，生活也會多些快樂，少些煩惱。

 不為小事煩惱

　　不斷為生活中的瑣碎小事而苦惱，過度思慮，不僅解決不了任何問題，還會令自己的心情變糟，這對你來說無疑是在浪費時間和精力。

　　既然事情已經發生了，不如從容地面對它、放下它。你可以這麼想：

　　＊別人對你的無意冒犯不要放在心上，忽略它們會讓你感到更海闊天空。

　　＊如果你很生一個人的氣，不妨用平靜的語氣與對方好好談談，告訴對方你為什麼憤怒，若能一起商討解決問題的辦法就更好了。

 坦然接受已經發生的事

　　生活中，你可以設法改變三分鐘以後所發生事情產生的後果，卻無法改變三分鐘之前發生過的事情。

　　唯一能讓過去有價值的方法，就是以平靜的態度接受已經發生的事，並從中汲取教訓，獲得經驗。

　　＊不要對已經發生的事後悔不已，順其自然，保持平和的心態，讓當下的自己內心保持平淡。

　　＊與其不斷責怪、埋怨自己犯的錯，不如用實際行動改變自己，讓自己下次不再犯同樣錯誤。

　　＊學會忘記那些令你不愉快的事，才能讓你輕鬆面對每一天的挑戰。

少責怪別人，多反思自己

凡事先不要責備、抱怨別人，先從自己身上找找原因，反省自己、提升自己。自省可以讓一個人更接近生命的本質，懂得寬容與理解，並且能更好地控制自己的負面情緒。你可以這麼做：

＊每個人都有自己的性格，既然不能改變別人，那麼就接納他們，就像你接納自己一樣。

＊每天反思一小時，看看自己一天中是否在瑣事上浪費了太多時間和精力，是否對一些瑣事過於計較。如果有這樣的表現，就及時改正。

＊學會讚美他人，誇獎他人的長處，這樣做既能讓他人感到愉快，又能改善我們自己的心情，讓自己的心情也好了起來。

心存嫉妒永遠受他人控制

生來就具有某些偉大特質的人，他們最可靠的標誌就是生來沒有嫉妒。

——法國作家　拉羅什富科（duc de La Rochefoucauld）

　　知名精神分析學家佛洛伊德（Sigismund Schlomo Freud）曾說過：「在一切不利的影響當中，最能讓人短命夭亡的，是不好的情緒和惡劣的心境，例如憂慮和嫉妒。」德國戲劇家歌德（Johann Wolfgang Von Goethe）也說：「在人類一切情欲中，嫉妒之情恐怕要算作最頑強、最持久的了……嫉妒是不知道休息的。」

　　我們說嫉妒是對他人比自己優越的一面產生的一種不愉快的情感，是以心懷不滿為特徵的一種不悅、自慚、怨恨和惱怒心理。當看到與自己有某種關係的人獲得了比自己更高的地位或成績時，自然會產生一種嫉恨心理；而當對方面臨或陷入災難時，又會想隔岸觀火、幸災樂禍，甚至借助造謠、中傷、刁難等手段貶低他人，安慰自己。

　　正如哲學家黑格爾（Georg Friedrich Hegel）所說：「有嫉妒心的人，自己不能完成偉大的事業，便盡量去低估他人的偉大，貶低他人的偉大，以使之與他本人相齊。」

　　許多心理學家分析認為，嫉妒是人類的一種本能，是一種企圖縮小和消除差距、實現原有關係平衡、維持自身生存與發展的心理防禦反應，是當別人在某些方面超越自己、使自己的欲望不能得到滿足時所產生的企圖排除乃至破壞別人優越狀態的激烈的情感活動。

《三國演義》中的周瑜，本來英雄蓋世，文武雙全，年紀輕輕就擔任了吳國的統兵大都督要職。據說，他不僅披掛上馬，能征善戰，運籌帷幄，決勝千里，是一位難得的英俊奇才，還熟諳音律，因此有「曲有誤，周郎顧」之說。

然而，後人在褒獎周瑜的出色才學時，也同時看到了這位英年早逝者的兩大致命弱點──那就是「量窄」、「嫉才」。

而周瑜最容不下的人就是蜀國的諸葛亮，因為足智多謀的諸葛亮總是處處高周瑜一步。尤其在一些關鍵上，諸葛亮事事都能想在周瑜之前，且對周瑜的內心想法了如指掌，因此才令周瑜嫉妒得寢食難安，隨時想除掉才智高於自己的諸葛亮。

而諸葛亮總能在周瑜準備謀害自己之前有所防備，結果令周瑜一次比一次鬱結於心，最終竟然活活氣死了。

可以說，周瑜一生都活在諸葛亮的陰影之中，對諸葛亮屢屢取得的成功一直耿耿於懷，不能釋然，結果便是自掘墳墓，害人最終害己。

由此可見，嫉妒實在是一種極具破壞性的不健康心理。但嫉妒又並非某個人的專利，幾乎人人都有過。事實上，嫉妒這種負面的情感產生於自信的缺乏，因為它是由別人的行為所引發的一種心理活動。

所以說，具有嫉妒心理的人，事實上也是在被別人的成功所控制，失去了自我，並且還給自己帶來了許多不必要的痛苦。

面對別人的嫉妒，我們要從容應對；同時，我們還要克制、駕馭自己的嫉妒心理，理性地面對他人的成功，積極調整自己的心態。即便我們的能力、成就不如他人，我們也要讓自己保持健康、從容的心態。

客觀評價自己和他人

　　嫉妒是一種極其希望自我表現的欲望。嫉妒心強的人，無論什麼事，首先考慮的都是自身的得失，因此會引發一連串的不良後果。所以，當嫉妒心萌發或出現一定的徵兆時，要能夠積極主動地調整自己的意識和行動，從而控制住自己的動機和情感。你應該：

　　＊認真分析自己的優點和不足，同時也對他人進行客觀的評價，找出自己與他人之間的差距，並學會理解、學習和欣賞別人。

　　＊當嫉妒給自己帶來一些煩惱和不安時，冷靜地分析嫉妒的不良作用，控制嫉妒情緒的發展。

　　＊當別人超過自己而處於優勢地位時，要學會揚長避短，積極尋找和開拓能充分發揮自身潛能的新領域，用新的成功縮小與對方之間的差距，以平衡心理。

將嫉妒轉化為前進的動力

　　每個人都渴望成功，而每個成功的人都有其優點和獲得成功的條件。面對別人的成功，與其去嫉妒，不如從中找尋對方成功的理由，從而將對對方的嫉妒轉化為自身奮進的動力，為自己的成功做好準備。你應該：

　　＊不要將比自己優秀的人當作競爭對手，而應當作自己前進的動力，學習對方的優點，為己所用。

　　＊學會讚美別人，將別人的成就看成是對社會的貢獻，而不是對自己權利的剝奪或地位的威脅。

　　＊一旦你有了嫉妒心，就等於承認了自己不如別人，此後你都會被別

人的成功所控制。與其這樣，不如首先超越自己，堅信別人的成功並不會妨礙自己的前進，相反地，它還可能是你前所未有的動力。

 寬容別人對你的嫉妒

好嫉妒的人很多，當你的條件比他人優越或者獲得一些好成績時，遭到別人的嫉妒也是在所難免的。這時，想必你一定很苦惱，希望擺脫這種被人嫉妒，給生活、工作、學習帶來不便的困境。

那麼，你該怎麼做呢？

＊增強自己的信心，只要自己的所作所為是正確的，就不要在乎他人的嫉妒。

＊放寬自己的胸懷，不計較別人的閒言碎語，甚至是惡語中傷，仍然以坦誠的態度與人相處。

＊時刻反省自己，從別人的冷嘲熱諷中發現和汲取對自己有用的事物。有些言語雖然難以忍受，但也可能會說到自己的短處，這種言語有時反而比和顏悅色的批評更一針見血，清楚明白。

54

成熟的自控力：感恩與寬容

> 每天我都無數次地提醒自己，我的內心和外在的生活，都是建立在其他人的勞動基礎上的。我必須竭盡全力，像我曾經得到的和正在得到的那樣，做出同樣的貢獻。
>
> ——德國近代物理學家　愛因斯坦（Albert Einstein）

在生活中，我們通常會牢牢記住成功路上自己的付出，卻容易忘記別人為我們所做出的貢獻。

我們都是普通人，可能無法像偉人那樣，為人類做出卓越貢獻。但我們生活在社會上，時時刻刻都在接受著家人、朋友、老闆、同事、陌生人給予我們的幫助，許多人都在為我們的成長、生活付出著。對於他們，我們難道不應該心存感激嗎？

懂得感恩，學會感謝我們生活中遇到的每一個人，是一種積極向上的思考方式與謙卑的態度，也是一種處世哲學和生活智慧。

有這樣一句名言：「生活是一面鏡子，你對著它笑，它也會對著你笑；你對著它哭，它也會對著你哭。」

當我們因為某些事而產生消極情緒時，之後我們所做的一切也都會是消極的，這些做法幾乎毫無例外地產生蝴蝶效應。面對你的消極，生活就會將那些你不喜歡的事物返還給你。因為你缺少一顆感恩的心，對生活沒有感激之情。

南非首位黑人總統曼德拉（Nelson Mandela）曾因為領導反對白人種族隔離政策而入獄，白人統治者將他關在荒涼的大西洋小島——羅本島上長達二十七年。

然而，一九九一年曼德拉出獄並當選為總統後，他在總統的就職典禮上的一個舉動卻震驚了整個世界。

他說：「壓迫者和被壓迫者一樣需要獲得解放。奪走別人自由的人是仇恨的囚徒，他被偏見和短視的鐵柵囚禁著。」

「如果我讓憤怒纏糾我，就等同仍然囚於牢獄內。」

當總統就職儀式開始後，他首先介紹了各國政要，然後說道，雖然他很榮幸接待了這麼多尊貴的客人，但最讓他高興的是，當初他被關在羅本島監獄時，看守他的三名前獄方人員也能到場。隨後，曼德拉禮貌地邀請他們起身，並將他們介紹給大家。

曼德拉寬容與博大的胸襟，讓那些殘酷虐待了他二十七年的白人汗顏得無地自容，也令在場的所有人都肅然起敬。

後來，曼德拉向朋友們解釋說，自己年輕時脾氣暴躁，正是在獄中學會了控制情緒，才得以活下來，並當選為總統。他的牢獄歲月給了他時間與激勵，讓他學會了如何處理自己遭受的痛苦。

曼德拉更說，感恩與寬容經常源自痛苦與磨難，因此我們必須以極大的毅力來克服這個轉變的過程。

學會感謝生活中遇到的每個人，不僅意味著已經擁有了一種寬廣的胸襟和高貴的德行，事實上，它更應該是一種深刻的、能夠愉悅自我、提升自我的智慧。

當我們煩惱纏身、充滿痛苦、怨天尤人時，懂得感恩，可以讓我們控制住自己的焦慮情緒，接納和包容那些讓我們感到不快的人和事，這是一種崇高的境界，也是精神的成熟與心靈的豐盈。

　　而成功學家安東尼・羅賓斯（Anthony Robbins）也曾說過，成功的開始就是先存有一顆懂得感謝他人的心。如果你接受了別人的恩惠，不論是禮物、忠告，還是任何形式的幫忙，你若夠聰明，都應該向對方表達謝意。

　　事實也證明，及時回報他人善意，同時又不嫉妒他人成功的人，不僅會得到必要、有力的支持，還可以避免自己陷入不必要的爭鬥之中。

培養你的感恩意識

　　對於同一件事來說，不同的思考方式也會產生不同的結果。面對困境，有的人怨天尤人，抱怨不休，而有的人卻能有意識地感謝別人的幫助，並能跨越困難。面對順境，消極的人仍會杞人憂天，擔心受怕，而懂得感恩的人則將美好留在心中，感謝上天給予自己的恩賜。

　　可見，不同的心境決定不同的生活態度。想讓自己在生活中時刻保持積極的心態，就要培養自己的感恩意識，從感恩的角度與高度出發，感受並思考自己所擁有的一切。你可以：

　　＊養成感恩的習慣，每天清晨醒來時，心裡便感謝已有的生活和所愛的人，用心體會感恩的快樂。

　　＊在適當的時候，給予你深愛的人、與你共處很長時間的朋友或同事一個小小的擁抱，或者送給他們一份小禮物，來表達你的感謝。

　　＊留心一下周遭的人，看看他們喜歡什麼，或者需要什麼，然後幫他們做一些力所能及的事。

　　＊在一個公開的地方，向想要感謝的人表達出你對他們的感謝之情，例如在辦公室裡、在與朋友和家人交談時、在**Facebook**等。

＊即使遭遇挫折與打擊，也要懷有一顆感恩的心。你不是去感謝這些傷心的遭遇，而是感謝那些一直在你身邊支持你的親人、朋友，你仍擁有工作、家庭，生活等等，你會發現你已經逐漸改變了。

 ## 列出需要你感恩的事物

有了感恩的意識後，你會發現，生活上有許多事都值得我們感謝。此時，你不妨用筆寫下這些事情，記錄下這些美好的感受。而且，列出值得自己感謝的事越多，你的心態就會越發健康、積極、寬容。你可以：

＊仔細回想自己過去的成功、獨有的技能、來自各方面的愛等，一一列舉出來，你會發現自己其實完全不用抱怨生活，上天已經給予你很多很多。

＊列出值得感謝的事項時，請用下面的方式記錄：我很感恩，因為＿＿＿＿＿＿；我真心實意地感謝＿＿＿＿＿＿。

＊當你發現自己的想法和話語比較消極時，請立刻停止抱怨，並寫下這樣的話：我必須要說，我真的很感謝＿＿＿＿＿＿（填上你想表達感謝的事）。這樣的話語可以澆滅消極的火苗，同時讓你心中感恩的火焰再次蔓延。

婚姻中的自控：理解和尊重

一個人切不可放任自己，他必須克制自己，光有赤裸裸的本能是不行的。

——德國詩人　歌德（Johann Wolfgang von Goethe）

對於婚姻和家庭來說，夫妻之間的相處是一門深奧的學問。當熱戀過後，進入婚姻中時，夫妻之間就會出現很多矛盾，例如婆媳關係、朋友相處、親子教育等等問題。

而心理學家認為：學會尊重、學會理解，是經營婚姻的兩大關鍵。

有一對夫妻經常爭吵不休，於是找到一位婚姻專家進行調解。這位婚姻專家問妻子：「你對你丈夫最大的期待是什麼？」然而他沒有讓妻子馬上回答，而是轉過去又問丈夫，讓丈夫來猜測妻子對他的最大期待是什麼。此時，他聽到丈夫說的最多的答案就是「錢」。

「只要我賺了錢回來，她就高興了。」、「一說起老婆，我首先想到的就是錢。」這位丈夫十分不滿地說。可是，當妻子說出她的答案後，卻與丈夫的猜測相去甚遠。她說，她希望得到丈夫對自己的理解和尊重。

兩個人以夫妻的名義一起生活，如果其中一方蔑視另一方，不將對方放在眼裡，就會造成對方十分嚴重的心理傷害。尤其是一方當著孩子的面喝斥另一半：「你懂什麼？！」、「你就是個沒用的傢伙！」這只會讓對方感到更大的屈辱，並無助於修復感情。

　　美國總統歐巴馬（Barack Hussein Obama）和妻子米雪兒（Michelle Robinson Obama）在一次做客美國廣播節目時，與聽眾們一起分享了婚姻心得。他認為，婚姻是夾雜著幸福與煩惱的過程。

　　與所有普通人的婚姻一樣，在他二十年的婚姻歷程中，既有許多幸福的時光，也有許多瑣碎的煩惱。

　　但只有懂得尊重和理解對方，才能令幸福時光維持得更長久。而當彼此走出困境時，你會發現對伴侶的愛和理解又加深了一層。

　　接觸過歐巴馬的攝影師也說，歐巴馬與妻子米雪兒都非常重視家庭。在他們結婚二十周年紀念日那天，正值歐巴馬與共和黨總統候選人羅姆尼的首場競選辯論。

　　但辯論結束之後，歐巴馬立刻和妻子在華盛頓的一家餐館內共進晚餐，慶祝兩人結婚二十周年。

　　我們說尊重與理解是人際交往的基石，更是夫妻雙方維持幸福婚姻的前提。

　　透過這樣的問題和答案我們可以看出，夫妻雙方生活在一起，卻不瞭解彼此的需要。而因為不瞭解，自然也無法做對方期待的事，於是就產生了懷疑、抱怨和指責。

　　事實上，不論是在婚姻中還是在人際交往中，我們都要學會尊重和理解對方。婚姻當中，雙方的地位是平等的，因此不需要用你認為的「正確」觀念去衡量對方。

　　如果對方做了某件事，請站在他（她）的角度上想一想他（她）為什麼要這樣做。當我們弄清楚了對方做事的理由後，也就能理解了他（她）的心理和需要。

　　在愛情和婚姻中，原本陌生的雙方要建立關係、長久相處，需要雙方正確地經營。要獲得良好的效果，就需要雙方具備較強的自控力，能有

效地控制自己的行為、情緒和心態，能有效理解和尊重對方，這樣才能做到相互諒解、寬容，從而規避矛盾，實現家庭幸福。

夫妻雙方朝夕相處，產生矛盾是難免的。如果一有矛盾就爭吵，或用過激的言語刺激對方，就會讓裂痕更加嚴重，甚至達到不可收拾的地步。

因此，處理夫妻間的矛盾，一要冷靜，學會控制自己的情緒；二要寬容，學會原諒和理解對方。只有這樣，才能讓婚姻少一些困擾，多一些美滿。

如何減少不必要的爭吵？

美好而堅韌的婚姻，一定是由兩個真誠的人創造的。所謂真誠，就是雙方可以完全、自由地表達自己的感受，以及各自的獨特性。

然而，當兩個人完全真誠時，他們又不可能對每件事都有相同的看法，所以在某些事情的處理上一定避免不了衝突。但衝突不一定要以爭吵的方式來解決。

為了維持婚姻的和諧，我們要盡可能用其他的方法來代替爭吵，以解決衝突。例如：

＊學會換位思考，站在對方的角度看問題、思考問題，理解對方的行為和感受。例如，如果對方喜歡流行音樂，而你喜歡古典音樂，那麼是否可以換個角度，去欣賞一下對方所喜歡的流行音樂呢？用這種方法處理衝突，應該比爭吵要來得更和諧。

＊不要隨便開口責罵，也不要給對方亂扣帽子、經常貶低或傷害對方，不但毫無意義，反而會激怒對方，引起更大的衝突。

＊不要只想著當贏家。即使你氣得冒火了，也要控制自己的情緒，聽一聽對方的理由。如此一來，衝突的理由也會客觀、清楚地浮現出來。

＊即使很生氣，也要保持友好的態度。例如，先主動給對方倒一杯茶再來談，這雖然都是小事，但卻可以避免更大的爭吵。

要願意與對方傾訴與溝通

婚姻中，當對伴侶產生質疑時，要積極與對方進行溝通，以化解你內心的焦慮和壓抑情緒，並盡量讓伴侶也說出自己的心裡話。

這將會是一個很好的機會，也是消除夫妻間長期積怨和矛盾的好時機。

＊當準備與對方溝通時，不要突然說出口，可先與對方約個時間。例如：「我有些事想跟你聊聊，今晚下班之後可以嗎？」

＊溝通時，最好找一個安靜的場所，例如書房、咖啡廳或安靜的公園等等，這有利於兩個人冷靜下來。

＊做好先道歉的準備。正確的態度應該是見面先說「對不起」，然後再強調「這些話我很早以前就想跟你說了，但我一直難以開口，希望你能原諒我」。

＊如果有必要或有條件，對一些難以解決的問題還可以去尋求婚姻心理諮商師的幫助和輔導。

放鬆自己，也給對方適度的空間

婚姻當中，千萬不要以愛的名義牢牢地掌控婚姻，綁住對方，否則反而會事與願違，婚姻也更容易出現危機。

要想維持婚姻的長久、幸福，就要放鬆自己，也給對方適度的自由，不要每天都「盯著」、「防著」、「握著」。因為把婚姻「抓」得越緊，婚姻就越容易出現問題。

＊女人不要讓自己成為家庭的「黃臉婆」，男人在家裡也要多注意自己的形象和修養的提升，這樣才能經常給對方新鮮的感覺。

＊多給自己一點空間和時間去學習、交際、工作，打開自己的圈子。

＊不要事事都盤問對方，也不要猜測太多，給對方適度的空間，將懷疑對方、過分緊張對方的時間和注意力放在自己身上。

＊對方下班後不想說話，並不代表他（她）就是有事瞞著你，也許他（她）只是累了想獨處一會兒，這時不妨靜靜地替他（她）泡杯茶或煮一杯咖啡，但千萬不要在這個時候不停地盤問他（她）到底發生了什麼事。

 ## 當你被伴侶猜疑時

我們既可能有猜疑自己伴侶的時候，也可能有被伴侶猜疑的時候。這時一定要告訴自己需要冷靜溝通，和平地解開與伴侶之間的誤會。你可以：

＊保持理智和冷靜，不要認為自己受了很大委屈，就與對方大吵大鬧，更不要用粗暴的語言和動作傷害對方。

＊將對方對你的猜疑當成一種愛。對方懷疑你，就說明他（她）關心你、在乎你，只是這種愛的方式可能不對，需要你來修正。

＊主動做出化解矛盾的姿態。例如，如果對方猜疑你簡訊是否有問題，就主動拿給對方看；如果懷疑你跟異性通了電話，或與異性參加了活動，那麼下次就盡可能帶伴侶一起去，如此就能逐漸將對方的猜疑消除。

 ## 先認輸並不是一件丟人的事

在婚姻中，很多時候我們都覺得把自己的真實感受說出來是很沒尊嚴的，其實這並不然。因為成熟的人會在自己並沒有錯的情況下，先向對方認輸，承認對方的意見可能比自己的意見更正確，以避免持續發生衝突。

　　因為認輸並不是一件丟人的事，而只是說明了認輸者對這份感情更珍惜，因此才不想因為無意義的爭吵而傷害彼此。

　　而當你真的這樣去做時，你會發現，一句簡單的「對不起」能發揮的作用要遠遠超乎你的想像。

　　＊ 不要認為對自己的伴侶讓步是種損失，其實這更是一種收獲，你所收獲的是對方更深厚的愛以及家庭的和睦幸福。

　　＊ 如果你覺得道歉的話說不出口，也可以用其他方式代替。例如，送太太一束花或一份小禮物，給先生做一頓他喜歡的菜等等。這些無聲的語言都在傳達著你的愛意。

　　＊ 如果對方先向你認輸了，千萬不要說：「早就說是你錯了，你到現在才要承認！」相反地，應給予對方更多的鼓勵與尊重，彼此敞開心房溝通。如此一來，下次再出現爭執時，對方就會更願意先讓步。

冥想訓練，從心所欲不逾矩

教育並不僅只用於妝點記憶力和啟發理解力而已，它的主要職責應該是引導意志力。

——**法國詩人 儒貝爾**（Joseph Joubert）

有些時候，我們明知道自己是在無理取鬧，但就是管不住自己想要發飆的那種心情；明明知道自己鬧得過火了，可就是停不下來，管不住自己的嘴，管不住自己的脾氣……。

心理學家認為，這樣的情緒是非常不利於我們的身心健康的，同樣地，也不利於我們與他人和睦相處。

不能控制自己情緒的人，就像一堆熊熊燃燒的烈火，會先將自己燒焦。而生理學家研究表明：極度的憤怒、恐懼之類的情緒，都會促使身體做出強烈反應，使得腎上腺激素分泌增加，身體的某些部位血液供應會自動減少，以確保肌肉獲得充足的血液，為奮力一搏或逃生做足準備。

而且，在焦慮、憤怒、抑鬱的情緒之下，人們也無法有效地接收外界的訊息，或妥善地處理訊息。低落的情緒會壓制大腦的思考能力，從而使人的思考或情緒失控，出現各種不當的行為。

有些人認為自己天生就是壞脾氣，改不了，但其實不然。神經科學提供了確實的證據，認為人腦是可學習性的。我們人生中的每一次經歷，都會對大腦進行重組，例如小提琴家技巧的精熟實際上是因為他們日趨完善的練習。

美國的一項研究也顯示，如果能集中注意力，堅持練習冥想，更可以有效地練習自我控制能力，緩解壓力。

神經科學家發現，當你要大腦進行冥想時，大腦不只會冷靜下來，還能進一步強化許多自制技巧，提升注意力、專注力，還有管理壓力、控制衝動，以及自我覺察的能力。

經常冥想的人不僅能強化上述能力，漸漸地，他們的大腦甚至能逐漸轉變成意志力堅強的精密機器。有一項研究的結果發現，只要花三小時進行冥想練習，就能有效提升我們的注意力以及自制力。

為此，美國俄勒岡大學尤金分校的教授唐逸遠選擇了十名中國籍大學生作為研究對象。

他將這些學生分為兩組，第一組每天堅持練習冥想二十分鐘，練習五天；第二組每天只做放鬆訓練。

結果顯示，第一組學生在注意力和整體情緒控制方面有了明顯改進，他們曾經存在的焦慮、緊張、情緒低落、憤怒、疲勞等現象，都有了不同程度的緩解。

由此可見，當我們感到壓力大、情緒不好時，不妨試著練習冥想，以透過冥想來控制自己的情緒。

而兩者結合起來訓練，可以透過呼吸的調節、身體的放鬆，發揮緩解壓力的作用。

當你放慢呼吸，心臟適應其速度後，就會隨之放慢跳動節奏，而心臟的每次跳動都會使血液流到全身。若跳動的頻率放慢，對腦部的供血也會產生改變，而產生對情緒的某些影響。

同時，在冥想期間，人們也會將注意力逐漸集中到自己的呼吸上，並持續專注在調節呼吸，或者採取某種姿勢，使外部刺激減至最小，產生平靜的心理感受。

通常來說，一般人只要每天有意識地透過冥想放鬆自己，在安靜的狀態下調整自己的呼吸，就能有效達到緩解壓力、改善情緒的效果。

冥想的基本原則

研究發現，冥想是一個緩解壓力的過程，會讓我們的血壓下降、脈搏跳動減少、睡眠更安穩、血液中的膽固醇含量也更低。不過，冥想也需要遵循一定的原則，這樣才能讓效果更加顯著。你需要：

＊先空出一段時間，讓自己獨處，以十分鐘左右為宜。

＊將身邊所有的干擾電器都關掉，聽力範圍內也不要有收音機、電視聲、喊叫聲或其他較大聲響。

＊清晨或夜晚都是不錯的時機，找一個安靜的、沒人打擾的地方，例如自己的房間、安靜的客廳等等。

靜靜地在椅子或墊子上坐好

坐在椅子上，兩腳平放地面，或是在墊子上盤腿而坐。身體要挺直坐好，然後將兩手放在大腿上。

冥想時絕不可心浮氣躁，因為控制身體正是培養自制力的基礎。如果你忍不住想打噴嚏或抓癢，不妨調整手臂的位置，或是讓雙腿交叉或打直，看看能否將這股衝動控制住。

你可以藉此學習如何控制自己，不要被大腦或身體產生的每一個衝動牽著走。

安心地進行冥想放鬆

閉上雙眼，如果怕自己不小心睡著，可以將眼神集中於一個點（例如一面白牆）。

開始留意自己的呼吸。當你吸氣時，可在腦中默唸「吸氣——」，吐氣時則默唸「吐氣——」。

當你發現自己的心思開始飄移（很容易會這樣），就要把注意力重新拉回自己的呼吸上。

在冥想期間，我們可以將意念集中在自己的呼吸上，並調節呼吸，同時採取某種身體姿勢，使外部刺激減至最小，從而產生平靜的心理狀態。透過這種方法，可以讓我們的身心得到最大限度的放鬆。你可以：

＊除了雙腿盤坐在地上（也可以選擇讓自己感覺舒服的身體姿勢，例如坐在椅子上或平躺），放鬆身體。

＊閉上眼睛或讓眼睛半睜半閉，身體保持不動，並逐漸放鬆。

＊做三次深呼吸，從鼻孔吸氣和呼氣，同時讓意識像呼吸一樣彌漫全身。

＊不要強迫自己進行有節奏的呼吸，讓身體放鬆下來，感覺就像小睡一樣放鬆，但要保持意識的清醒。

＊在呼吸過程中，我們的注意力也許會因為外部吵雜的環境受到影響，這時要及時將注意力重新放到呼吸上來。

 每天保持固定的冥想時間

剛剛開始學習冥想時，不少人會發現，冥想兩分鐘就像兩個小時、甚至兩天一樣漫長。我們進行冥想的目的，是為了放鬆自己，緩解緊張、焦慮的情緒，若時間太短，效果可能不明顯。

那麼到底多長時間才算比較合適？又該怎樣控制冥想的時間呢？

＊冥想的時間通常以自己感到全身放鬆、情緒穩定為基準，不必刻意

規定冥想的時間。

＊要注意的是，不要在冥想過程中睜開眼睛看錶。剛開始練習時，可以用一個沒有滴答聲的鬧鐘來設定時間，開始先設定五分鐘，然後專心冥想，直到鬧鐘響起。以後慢慢拉長時間，最多到十五分鐘。

＊建議每天安靜地花二十分鐘時間在冥想放鬆上，可以用大約十五分鐘的時間進行冥想，讓身心完全放鬆，再利用剩下的時間進行自我確認：我是誰？我要成為什麼樣的人？透過這樣的自我對話，確定自己擁有樂觀積極的態度。同時也應該確定，不要讓憤怒、焦慮或恐懼等負面情緒再次占領你的大腦。

不妨每天選一個固定的時間進行冥想訓練，例如每天早上沖澡之前靜坐冥想。如果固定時間不可行，就保持彈性，只要一有空檔就進行冥想練習。

如果開始覺得有負擔，就再縮減為一天五分鐘。每天都做一小段練習，遠勝於強迫自己長時間練習，結果卻是永遠拖延到「明天再做」，如此你就能很快看到成果。

你是個社交達人嗎？

下列各題中，每道問題有4個選項，根據你的實際情況選出一個最適合的答案。　　　　　　　　　　　　　將各題得分相加，算出總分。

1. 我寧願獨自一個人走很長的路，也不願和一大群人一起走路。

Ⓐ．非常符合我，我覺得與一大群人一起走路是一件很難受的事。　　4分
Ⓑ．很符合我，我有時不喜歡別人太注意我。　　　　　　　　　　3分
Ⓒ．不太符合我，我喜歡與大家一起走，熱鬧有趣。　　　　　　　2分
Ⓓ．很不符合我，我寧願與不太熟悉的人一起走，也不願意獨自一人走路。　1分

2. 我認為做一件事的結果，獲勝比過程更重要。

Ⓐ．非常符合我，只有勝利才能證明自己。　　　　　　　　　　　4分
Ⓑ．很符合我，畢竟沒有人願意失敗。　　　　　　　　　　　　　3分
Ⓒ．不太符合我，過程有時可能比成功更重要。　　　　　　　　　2分
Ⓓ．很不符合我，我享受做事的過程，不看重事情的結果。　　　　1分

3. 我對個性傻里傻氣的人缺乏耐心。

Ⓐ．非常符合我，我認為跟他們交流很吃力。　　　　　　　　　　4分
Ⓑ．很符合我，我還是更喜歡跟靈活的人交流。　　　　　　　　　3分
Ⓒ．不太符合我，我認為應該看到他們身上的優點。　　　　　　　2分
Ⓓ．很不符合我，我跟什麼人來往時都充滿耐心。　　　　　　　　1分

4. 與其和一大群人討論問題相比，我覺得「一對一」的交談更輕鬆自在。

Ⓐ．非常符合我，與一群人討論問題令我緊張。　　　　　　　　　4分
Ⓑ．很符合我，多數時候我不喜歡與一大群人討論問題。　　　　　3分
Ⓒ．不太符合我，我認為集思廣益更有效果。　　　　　　　　　　2分
Ⓓ．很不符合我，與一大群人討論問題讓我覺得很有幫助，能夠聽到很多不同的
　　意見。　　　　　　　　　　　　　　　　　　　　　　　　1分

5. 我寧願自由行，也不願參加旅行團、按照他們預先設計好的路線旅行。

Ⓐ．非常符合我，我不能接受旅行團的安排。　　　　　　　　　　4分

B·很符合我，我覺得自己計劃行程更有自主性。　　　　　　　　　3分

C·不太符合我，我認為旅行團的計劃更合理。　　　　　　　　　　2分

D·很不符合我，我寧願與旅行團一起旅行，也不會自己一個人孤單地去旅行。

　　　　　　　　　　　　　　　　　　　　　　　　　　　　　　1分

6. 在漫長的旅行中，我通常不會主動與鄰座的陌生人交談。

A·非常符合我，與陌生人說話讓我感到緊張和不安。　　　　　　　4分

B·很符合我，我不太習慣主動與陌生人交談。　　　　　　　　　　3分

C·不太符合我，有時我的表現也會很主動。　　　　　　　　　　　2分

D·很不符合我，我通常很快就能與鄰座的陌生人混熟。　　　　　　1分

7. 我不認為為了瞭解他人，而站在他們的角度上思考問題是一件必要的事。

A·非常符合我，我認為自己的觀點和角度比別人更重要。　　　　　4分

B·很符合我，多數情況下，我還是習慣站在自己的角度考慮問題。　3分

C·不太符合我，我認為有些事也應該站在別人的角度考慮一下。　　2分

D·很不符合我，我考慮別人比考慮自己更多。　　　　　　　　　　1分

8. 我不認為認識一些關鍵人物是一件很重要的事。

A·非常符合我，我很反感這種行為。　　　　　　　　　　　　　　4分

B·很符合我，我認為成功還是要靠自己的努力。　　　　　　　　　3分

C·不太符合我，認識一些關鍵人物總是沒壞處的。　　　　　　　　2分

D·很不符合我，多認識一些關鍵人物，一定能獲得很大幫助。　　　1分

9. 遇到問題時，我通常不會主動向別人尋求建議或幫助。

A·非常符合我，我覺得向別人尋求建議會顯得自己很沒用。　　　　4分

B·很符合我，我還是覺得自己想辦法比較好。　　　　　　　　　　3分

C·不太符合我，有些問題還是需要尋求別人的幫助的。　　　　　　2分

D·很不符合我，尋求別人幫助也是解決問題的一種有效途徑。　　　1分

10. 對於各種體育活動，我偏愛個人項目而不是團體項目。

A·非常符合我，我很不擅長在團體中與他人合作。　　　　　　　　4分

B·很符合我，個人項目能讓我的表現更優秀。　　　　　　　　　　3分

C·不太符合我，有時我也喜歡一些團體項目。　　　　　　　　　　2分

D·很不符合我，團體項目可以訓練一個人的團體合作能力，我很願意參加。

1分

測試結果：

30分以上： 你在社交中可能是一個「孤獨者」，不太擅長社交。盡管你也能享受與他人之間的情誼，但通常只限制在狹小的親友圈子中。

其實你應該清楚，沒有人能夠完全脫離社會，我們都會在一定程度上依賴他人，無論是個人生活的幸福還是工作事業的成功。我們與他人的交流越多，我們人生的各個方面才會越幸福、越成功。

20～30分： 對你而言，沉溺於與他人的交往並不是你生活中最優先的事情。其實，你更傾向於公平地對待所有人，並且以一種平等的方式與他人交往。

而且，你還認識到每個人都有自己的優點，因此沒必要排斥別人，並且能以一種彬彬有禮和快樂的態度對待他們。正因為如此，你周遭的人都很喜歡你且敬重你的為人，你是一個很不錯的社交達人。

20分以下： 你是一個典型的熱愛社交的人。在人生階段的各方面，你都會很大程度地依賴他人。事實上，如果沒有別人，你的人生將會非常空虛，甚至會讓你感到消沈和痛苦。

你喜歡各種聚會，很容易周旋在這樣的場合，而且如果有必要，你還可以很輕鬆地即興演說。但這種性格也可能會使人認為你多管閒事，甚至很容易侵犯他人的隱私。當然，這種情況也並不是常有的。

你的書，就是你的名片

我寫的書，請多指教！——秀出自己最精采的實力！

立即開始！打造個人品牌，就要出書
非你莫屬！創造專屬亮點，等你啟動

人的一生，總要有一些東西留下來，若能寫一本書成為你的代表作，那將是最好的！
出版個人著作，也是建立個人品牌的捷徑！
你知道有出書的人和沒有出書的人差別在哪裡嗎？

暢銷書《心靈雞湯》作者馬克‧韓森在他的著作中，強調出書的好處有：

- 你是該領域專家及區隔別人的證明
- 前進任何市場的前線部隊
- 出書者將擁有對對手不公平的競爭優勢
- 作為你在與人接觸時最佳的名片工具
- 是你不眠不休的業務員
- 創出名人效應

在現在競爭激烈的時代，「出書」是快速建立「專業形象」的捷徑。
客戶之所以跟你往來是因為相信你，所以，賣產品前一定要先賣出自己！

只要你有專業、有經驗撇步、有行業秘辛、有人生故事……，
不論是建立專業形象、宣傳個人理念、發表圖文創作……
不必是名人，不用文筆很好，沒有寫作經驗……這些都不是問題

只要你願意，平凡素人也可以一圓作家夢！

全國唯一保證出書的課程‧教會你如何打造A級暢銷書

—— 寫書與出版實務班 ——

台灣從事出版最有經驗的企業家＆華人界知名出版家
王擎天 博士　～不藏私傳授～

✔ **如何寫出一本書**　　✔ **出版一本書**　　✔ **行銷一本書**

完整課程資訊請上

新絲路 www.silkbook.com 、華文網 www.book4u.com.tw 查詢
課程時間與地點將在報名完成後 由專人或專函通知您

跨越出版沒門檻！實現素人作家夢！！

一本書、一個夢，為自己寫一本書

★ 12月21/22 ★

寫書與出版實務班，全國唯一、保證出書！

適合參加對象

- ✔ 想出紙本書的人
- ✔ 想出電子書的人
- ✔ 一直被出版社拒絕的人
- ✔ 想當出版社編輯、主編，甚至總編輯的人
- ✔ 同業想偷學的人
- ✔ 對圖書行銷有興趣的人
- ✔ 對出版流程有興趣的人
- ✔ 對開出版社有興趣的人……

新·絲·路·網·路·書·店
silkbook●com
（02）8245-8318

台灣從事出版最有經驗的企業家＆華人界知名出版家 **王擎天** 博士
～不藏私傳授～

本課程三大特色
一、保證出書
二、堅強授課陣容
三、堅強輔導團隊

躋身暢銷作者四部曲
▶ 如何企劃一本書
▶ 如何撰寫一本書
▶ 如何出版一本書
▶ 如何行銷一本書

🖊 本班**課程內容**最完整實用！
🖊 本班**講師陣容**最強而有經驗！！
🖊 本班**輔導團隊**後續指導一整年！！！
🖊 本班**主辦機構**橫跨兩岸出版集團！！！！

> 只要你願意，
> 暢銷榜上也可能是你！

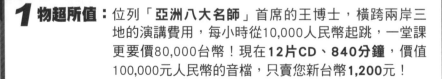

視野 **創**新・**見**解廣博，
創見文化——智慧的銳眼！

人只要會反思，路就無限寬廣。

和知識經濟閒話家常，從內涵到視野，文化都是一種解脫。

文化灌溉心靈，也實踐了內在的精神；

文化解讀知識，也探索直覺；

文化帶來了愉悅，當然也能打造未來!!

創見文化是台灣具品牌度的專業出版社之一，以**商管、財經、職場**等為主要出版領域，廣邀國內外學者專家創作，切合趨勢的脈動，並**融合全球化的新知與觀點，規劃用心、製作嚴謹**，期望每本書都能帶給讀者特別的收穫，**創造看見知音的感動！**

終極秘笈大公開！
勇闖職場生存攻略

《**想比別人升得快，**
就該懂這些》

突破22K的升職加薪學分！

劉砡潔 著　定價：300 元

《**好同事也不透露的**
收服主管說話術》

一本最有效的職場主管攻略

楊智翔 著　定價：280 元

《**不是哈佛人也能偷學**
的8個關鍵特質》

原來他們是這樣成功的？！

林均偉 著　定價：300 元

《**立即見效，一輩子都受用**
的10堂情緒管理課》

壞情緒，宜疏不宜堵！

楊婕 著　定價：300 元

……多種好書甫一推出，即榮登金石堂等各大書店暢銷書排行榜，深受讀者歡迎及業界肯定。

趨勢觀點最前瞻・菁英讀者最推薦，創見文化引你走向更好的未來！

silkbook○com 新絲路 http://www.silkbook.com/ ・ 華文網 http://www.book4u.com.tw/

跟著**FBI**學操縱人心說話術，
談什麼都居上風！

《FBI不輕易曝光的機密說話術》

談判與銷售訓練專家 **楊智翔** ◆ 著

本書教你用恰當的語言去說動你想溝通的對象，
教你怎麼說、怎麼問，才能聽到真心話；
順著人心，說對話，讓事情發展照著你的劇本走！

成功商業人士必讀的攻心說話術
任何人在任何場合都能用得到的讀人、讀心溝通術

定價
280
元

教你翻出最夠力的貴人牌

《讓貴人都想拉你一把的微信任人脈術》

亞洲八大名師 **王寶玲** ◆ 著

沒人脈、沒錢不要緊，
重要的是你手上有沒有幾張「**超級王牌**」？
找到肯幫忙的貴人沒有你想的那麼難。

你需要的是一本
從取信到達成目的的人脈教戰手冊。

教你輕易看清、破解他人防備的
心機冷讀術

《懂的人都不說破的
攻心冷讀術》

亞洲八大名師首席 **王寶玲** 博士◎著

現在不弄懂，以後就來不及了

現在就用最謙虛的掌控贏得你的萬事順心！

★本書適合想從被動逆轉為主動的各式人種

定價：**300**元

事情可以讓人心甘情願做，
你又何必惹人厭？

《懂的人就能任意操縱的
心理暗示術》

亞洲八大名師首席 **王寶玲** 博士◎著

一本最容易實行的好感驅動手冊。

用最低調的主導贏得你的事事順利！

★本書適合想從惹人厭轉為得人緣的各式人種

定價：**300**元

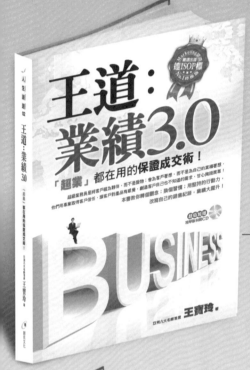

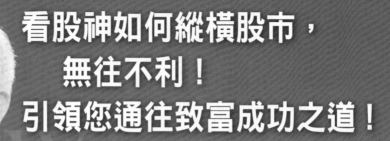

看股神如何縱橫股市，
無往不利！
引領您通往致富成功之道！

《620億美元的秘密》
巴菲特雪球傳奇全紀錄

亞洲八大名師 **王寶玲** 博士／著

定價 600元 / 特價 **450元**

從奧馬哈到華爾街，
從合夥人聯盟到波克夏，
從經濟大蕭條到世界首富，
從一百美元到620億美元，
越滾越大的雪球，
一代巨人的傳奇生涯！

究竟股神是如何誕生？他的投資經營有何卓越之處？
金融鉅子的理財智慧，一切，盡在本書！

創見文化

我們改寫了書的定義

創辦人暨名譽董事長　王擎天
總經理暨總編輯　歐綾纖　　　印製者　家佑印刷公司
出版總監　王寶玲

法人股東　華鴻創投、華利創投、和通國際、利通創投、創意創投、中國電
　　　　　視、中租迪和、仁寶電腦、台北富邦銀行、台灣工業銀行、國寶
　　　　　人壽、東元電機、凌陽科技(創投)、力麗集團、東捷資訊

◆台灣出版事業群　　新北市中和區中山路2段366巷10號10樓
　　　　　　　　　　TEL：02-2248-7896
　　　　　　　　　　FAX：02-2248-7758

◆北京出版事業群　　北京市東城區東直門東中街40號元嘉國際公寓A座820
　　　　　　　　　　TEL：86-10-64172733
　　　　　　　　　　FAX：86-10-64173011

◆北美出版事業群　　4th Floor Harbour Centre　P.O.Box613
　　　　　　　　　　GT George Town, Grand Cayman,
　　　　　　　　　　Cayman Island

◆倉儲及物流中心　　新北市中和區中山路2段366巷10號3樓
　　　　　　　　　　TEL：02-8245-8786
　　　　　　　　　　FAX：02-8245-8718

國家圖書館出版品預行編目資料

免痛苦！不拖延的超強自控力 / 林均偉 著. -- 初
版. -- 新北市中和區：創見文化, 2013.10　面；
公分 (成功良品；60)
ISBN 978-986-271-405-8 (平裝)

1.成功法　　2.生活指導

177.2　　　　　　　　　　　10201559

免痛苦！

Happier : how to improve your self-control

不拖延的超強
自控力

成功良品 60

免痛苦！不拖延的超強自控力

創見文化 · 智慧的銳眼

本書採減碳印製流程
並使用優質中性紙
（Acid & Alkali Free）
最符環保需求。

作者／林均偉
總編輯／歐綾纖
文字編輯／馬加玲
美術設計／蔡億盈

郵撥帳號／50017206 采舍國際有限公司（郵撥購買，請另付一成郵資）
台灣出版中心／新北市中和區中山路2段366巷10號10樓
電話／（02）2248-7896　　　　　　　傳真／（02）2248-7758
ISBN／978-986-271-405-8
出版日期／2016年最新版

全球華文市場總代理／采舍國際有限公司
地址／新北市中和區中山路2段366巷10號3樓
電話／（02）8245-8786　　　　　　　傳真／（02）8245-8718

全系列書系特約展示
新絲路網路書店
地址／新北市中和區中山路2段366巷10號10樓
電話／（02）8245-9896
網址／www.silkbook.com
創見文化 facebook https://www.facebook.com/successbooks

本書於兩岸之行銷（營銷）活動悉由采舍國際公司圖書行銷部規畫執行。

線上總代理 ■ 全球華文聯合出版平台 www.book4u.com.tw	
主題討論區 ■ http://www.silkbook.com/bookclub	◎ 新絲路讀書會
紙本書平台 ■ http://www.silkbook.com	◎ 新絲路網路書店
電子書平台 ■ http://www.book4u.com.tw	◎ 華文電子書中心

B 華文自資出版平台　全球最大的華文自費出版集團
www.book4u.com.tw
elsa@mail.book4u.com.tw　　專業客製化自助出版‧發行通路全國最強！
chialingma@mail.book4u.com.tw